CATALOGUE

DE LA

BIBLIOTHÈQUE

DE LA SECTION D'HISTOIRE NATURELLE

DE LA

SOCIÉTÉ ACADÉMIQUE DE NANTES

1892

NANTES,

Mme Vve CAMILLE MELLINET, IMPRIMEUR DE LA SOCIÉTÉ ACADÉMIQUE,
Place du Pilori, 5.

L. MELLINET ET Cie, SUCrs

CATALOGUE

DE LA

BIBLIOTHÈQUE

DE LA SECTION D'HISTOIRE NATURELLE

DE LA

SOCIÉTÉ ACADÉMIQUE DE NANTES

1892

NANTES,

Mme Vve CAMILLE MELLINET, IMPRIMEUR DE LA SOCIÉTÉ ACADÉMIQUE,
Place du Pilori, 5.

L. MELLINET ET Cie, SUCrs

CATALOGUE

DE LA

BIBLIOTHÈQUE

DE LA SECTION D'HISTOIRE NATURELLE

DE LA SOCIÉTÉ ACADÉMIQUE DE NANTES.

1892

La Bibliothèque de la Section d'histoire naturelle de la Société Académique de Nantes contient environ 800 ouvrages ou brochures qui ont été catalogués et classés d'après le système que nous allons exposer et qui nous semble de nature à en faciliter l'usage.

Les ouvrages sont d'abord divisés en trois formats :

In-8° : livres ayant 25 centimètres de hauteur maximum ;
In-4° : livres ayant de 25 centimètres à 35 centimètres ;
In-folio : livres au-dessus de 35 centimètres.

Ces catégories de premier ordre, basées sur le format, comprennent chacune les Sections suivantes :

Sections.

I. **PÉRIODIQUES.**
II. **GÉOLOGIE, PALÉONTOLOGIE, MINÉRALOGIE.**
III. **ANATOMIE ET PHYSIOLOGIE DE L'HOMME.**
IV. **MAMMIFÈRES** : descriptions, anatomie.
V. **OISEAUX** : descriptions, oologie, anatomie.

Sections.

VI. **REPTILES ET BATRACIENS** : descriptions, anatomie.

VII. **POISSONS** : descriptions, anatomie, pisciculture.

VIII **INSECTES** : Orthoptères, Névroptères, Strepsiptères ou Rhipiptères, Hémiptères, Coléoptères, Hyménoptères, Diptères, Lépidoptères.

IX. **ARACHNIDES, ONYCHOPHORES, MYRIAPODES.**

X. **CRUSTACÉS** : Podophthalmaires, Edriophthalmes, Entomostracés, Cirrhipèdes, Xiphosures ou Mérostomes.

XI. **VERS** : Annélides, Géphyriens, Rotifères, Acanthocéphales et Nématoïdes, Cestodes, Trématodes, Turbellariés et Némertes.

XII. **MOLLUSQUES** : Mollusques vrais et Molluscoïdes, Tuniciers, Brachiopodes, Bryozoaires.

XIII. **ECHINODERMES** : Crinoïdes, Astéroïdes, Echinoïdes, Holothuries.

XIV. **CŒLENTÉRÉS** : Cténophores, Cnidaires, Spongiaires.

XV. **PROTOZOAIRES** : Infusoires, Grégariniens, Radiolaires.

XVI. **BOTANIQUE VIVANTE.**

XVII. **BOTANIQUE FOSSILE.**

XVIII. **MÉLANGES D'HISTOIRE NATURELLE.**

XIX. **DICTIONNAIRES D'HISTOIRE NATURELLE.**

1° Périodiques : Sur le dos de chaque volume est placée une étiquette portant par exemple :

In-8°
I
Nantes 1

Ce qui signifie que l'ouvrage est in-8°, qu'il fait partie de la *Section I* Périodiques, qu'il y est placé, alphabétiquement, au mot *Nantes* et qu'il est le 1er périodique de cette ville.

2° Ouvrages : Les étiquettes disposées sur le dos des ouvrages non périodiques sont ainsi rédigées :

In-8°
II
A 1

Signifie que l'ouvrage est in-8°, qu'il fait partie de la *Section II* Géologie, et qu'il est le premier de la lettre *A* (lettre initiale du nom de l'auteur).

In-8°
II
A 2

Signifie également que l'ouvrage est in-8°, qu'il fait partie de la *Section II* Géologie, et qu'il est le second de la lettre *A*.

3° Brochures : Les brochures sont disposées dans des cartons placés au commencement de chaque lettre et numérotées ainsi :

In-8°
II
Cart. A 1

Ce qui veut dire que cette brochure est du format in-8°, qu'elle fait partie de la *Section II* Géologie, et qu'elle est la 1re du carton *A*.

Ce système, avec lequel ont est de suite familiarisé, offre plusieurs avantages :

1° Il permet d'avoir une Bibliothèque classée méthodiquement, ce qui facilite beaucoup les recherches des personnes qui s'occupent spécialement de Géologie, de Zoologie ou de Botanique.

2° Il donne au lecteur la facilité de trouver et de remettre en bibliothèque un livre, dont il connaît le nom de l'auteur, sans faire usage du Catalogue.

3° Il maintient en permanence les Sections ouvertes, c'est-à-dire qu'il permet de placer tout ouvrage entrant à la place qu'il doit occuper dans une classification méthodique.

La méthode dont nous avons fait usage est celle que nous avons également adoptée pour la Bibliothèque du Muséum d'histoire naturelle de la ville de Nantes.

Nantes, le 1er juillet 1892.

Louis BUREAU.

CATALOGUE.

I. — PÉRIODIQUES. (1)

EUROPE.

France.

Abbeville. — Société d'émulation d'Abbeville, fondée en 1797. *Mémoires.* (Bibl. générale.)

Agen. — Société d'agriculture, sciences et arts d'Agen, fondée en 1784. *Recueil des travaux.* (Bibl. gén.)

Aix. — Académie des sciences, agriculture, arts et belles-lettres d'Aix, fondée en 1808. *Mémoires.* (Bibl. gén.)

Amiens. — Société linnéenne du Nord de la France, fondée en 1838. *Bulletin.* In-8°, t. I (1872-73) à t. X (1890-91) (8° I Amiens 1.)

— Société linnéenne du Nord de la France, fondée en 1865. *Mémoires.* In-8°. 1867 à 1885. (8° I Amiens 2.)

— Académie des sciences, belles-lettres, arts, agriculture et commerce du département de la Somme, fondée en 1746. *Mémoires.* (Bibl. gén.)

Angers. — Société d'agriculture, sciences et arts d'Angers, fondée en 1818. *Mémoires.* (Bibl. gén.)

— Société académique de Maine-et-Loire, fondée en 1857. *Mémoires.* (Bibl. gén.)

— Société d'études scientifiques d'Angers, fondée en 1871. *Bulletin.* In-8°, 1872 à 1889 et suiv. (8° I Angers 1.)

Autun. — Société d'histoire naturelle d'Autun, fondée en 1886. *Bulletin.* In-8°, t. Ier 1888 et suiv. (8° I Autun 1.)

(1) En plus des périodiques spéciaux contenus dans la Bibliothèque de la Section d'Histoire naturelle, on a porté sur ce Catalogue les périodiques de la Bibliothèque générale contenant des Mémoires d'histoire naturelle.

Auxerre. — Société des sciences historiques et naturelles de l'Yonne, fondée en 1847. *Bulletin.* (Bibl. gén.)

Bar-le-Duc. — Société des lettres, sciences et arts de Bar-le-Duc, fondée en 1870. *Mémoires.* (Bibl. gén.)

Besançon. — Académie des sciences, belles-lettres et arts de Besançon, fondée en 1752. *Mémoires.* (Bibl. gén.)

Béziers. — Société archéologique, scientifique et littéraire de Béziers, fondée en 1834. *Bulletin.* (Bibl. gén.)

— Société d'études des sciences naturelles de Béziers, fondée en 1875. *Bulletin.* In-8°, 1877 à 1889. (8° I Béziers 1.)

Bordeaux. — Académie royale des sciences, belles-lettres et arts de Bordeaux, fondée en 1712. *Séances publiques, Actes.* (Bibl. gén.)

Boulogne-sur-Mer. — Société académique de Boulogne-sur-Mer, fondée en 1863. *Bulletins et Mémoires.* (Bibl. gén.)

Bourg. — Société d'émulation, agriculture, sciences, lettres et arts de l'Ain, fondée en 1783. *Annales.* (Bibl. gén.)

Bourges. — Société historique, littéraire, artistique et scientifique du Cher, fondée en 1849. *Mémoires.* (Bibl. gén.)

Brest. — Société d'émulation de Brest. *Annuaire de Brest et du Finistère. Annales.* (Bibl. gén.)

— Société académique, fondée en 1858. *Bulletin.* (Bibl. gén.)

Caen. — Académie royale des sciences, arts et belles-lettres de Caen, fondée en 1652. *Mémoires.* (Bibl. gén.)

— Société d'agriculture et de commerce de Caen, fondée en 1762. *Bulletin.* (Bibl. gén.)

— Société linnéenne de Normandie, fondée en 1823. *Bulletin.* In-8°, 1re série, t. I 1856 à t. X. — 2e série, t. I (1865-66) 2, 3, 4, 8, 9, 10. — 3e série, t. I (1876-77) 2, 3, 4, 5, 6, 7, 8. — 4e série, t. I (1886-87) et suiv. (8° I Caen 1.)

— Société linnéenne du Calvados, fondée en 1823. *Mémoires.* In-8°, t. I 1824 et t. II 1825. (8° I Caen 3.)

— Annuaire du Musée d'histoire naturelle de Caen. 1er vol. 1880. In-8°. (8° I Caen 2.)

Cannes. — Société des sciences naturelles de Cannes, fondée en 1868. *Mémoires.* In-8°, t. I à VI et VIII (1870-79). (8° I Cannes 1.)

Cambrai. — Société d'émulation de Cambrai, fondée en 1804. *Mémoires.* (Bibl. gén.)

Châlons-sur-Marne. — Société d'agriculture, commerce, sciences et arts, fondée en 1798. *Mémoires.* (Bibl. gén.)

Chambéry. — Académie des sciences, belles-lettres et arts de Savoie, fondée en 1819. *Mémoires* et *documents*. (Bibl. gén.)

Cherbourg. — Société nationale académique de Cherbourg, fondée en 1755. *Mémoires*. (Bibl. gén.)

— Société impériale des sciences naturelles de Cherbourg, fondée en 1851. *Mémoires*. In-8°, t. V 1858 VIII, XI, XII, XIV 1869.

— Société des sciences naturelles, t. XV 1870.

— Société nationale des sciences naturelles, t. XVI (1871-72) à t. XX (1876-77).

— Société nationale des sciences naturelles et mathématiques, t. XXI (1877-78) à t. XXVI 1889. (8° I Cherbourg 1.)

Cholet. — Société des sciences, lettres et beaux-arts de Cholet et de l'arrondissement, fondée en 1882. *Bulletin*. (Bibl. gén.)

Clermont-Ferrand. — Académie des sciences, belles-lettres et arts de Clermont-Ferrand, fondée en 1747. *Mémoires* et *Bulletin historique et scientifique de l'Auvergne*. (Bibl. gén.)

Colmar. — Société d'histoire naturelle de Colmar, fondée en 1859. *Bulletin*. In-8°, 2e année 1860 à 29e année 1888. (8° I Colmar 1.)

Dijon. — Académie des sciences, arts et belles-lettres de Dijon, fondée en 1740. *Mémoires*. (Bibl gén.)

Dinan. — Société d'émulation. *Annales*. (Bibl. gén.)

Douai. — Société centrale d'agriculture, sciences et arts du dép. du Nord, séant à Douai, fondée en 1799. *Mémoires*. (Bibl. gén.)

Dunkerque. — Société dunkerquoise pour l'encouragement des sciences, des lettres et des arts, fondée en 1851. *Mémoires*. (Bibl. gén.)

Epinal. — Société d'émulation du dép. des Vosges, fondée en 1825. *Annales*. (Bibl. gén.)

Evreux. — Société d'agriculture, sciences et arts du dép. de l'Eure, fondée en 1807. *Bulletin* et *Recueil des Travaux*. (Bibl. gén.)

Gap. — Société d'études des Hautes-Alpes, fondée en 1881. *Bulletin*. (Bibl. gén.)

Grenoble. — Académie delphinale, fondée en 1772. *Bulletin*. (Bibl gén.)

Hâvre (Le). — Société hâvraise d'études diverses, fondée en 1833. *Recueil*. (Bibl. gén.)

Lille. — Société des sciences, de l'agriculture et des arts de Lille, fondée en 1802. *Mémoires*. (Bibl. gén.)

Lyon. — Académie des sciences, belles-lettres et arts de Lyon. *Mémoires de la Classe des lettres, Mémoires de la Classe des sciences,* fondée en 1700. (Bibl. gén.)

— Société d'agriculture, histoire naturelle et arts utiles de Lyon, fondée en 1761. *Mémoires.* (Bibl. gén.)

— Société linnéenne de Lyon, fondée en 1822. *Annales.* In-8°, années (1845-46), (1847-49), (1850-52). (8° I Lyon 1.)

Mâcon. — Académie de Mâcon, fondée en 1805. *Annales.* (Bibl. gén.)

Mans (Le). — Société d'agriculture, sciences et arts de la Sarthe, fondée en 1761. *Bulletin.* (Bibl. gén.)

Marseille. — Académie des sciences, belles-lettres et arts de Marseille, fondée en 1726. *Mémoires.* (Bibl. gén.)

— Société de statistique de Marseille, fondée en 1827. *Répertoire des travaux.* (Bibl. gén.)

Mayenne. — Société d'agriculture de l'arrondissement de Mayenne. *Bulletin.* (Bibl. gén.)

Montbéliard. — Société d'émulation de Montbéliard, fondée en 1852. *Mémoires.* (Bibl. gén.)

Montauban. — Société des sciences, belles-lettres et arts de Tarn-et-Garonne, fondée en 1809. *Recueil.* (Bibl. gén.)

Montpellier. — Revue des sciences naturelles. T. I 1872 à t. IV 1875. In-8°. (8° I Montpellier 1.)

Moulins. — Société d'émulation du département de l'Allier, fondée en 1846. *Bulletin.* (Bibl. gén.)

Nancy. — Société des sciences, lettres et arts de Nancy, fondée en 1750, académie de Stanislas. *Mémoires.* (Bibl. gén.)

Nantes. — Société des sciences naturelles de l'Ouest de la France, fondée en 1891. *Bulletin.* In-8°. T. I 1891 et suiv. (8° I Nantes 1.)

Nîmes. — Académie du Gard (Académie de Nîmes), fondée en 1682. *Mémoires.* (Bibl. gén.)

Orléans. — Société d'agriculture, sciences, belles-lettres et arts d'Orléans, fondée en 1809. *Mémoires.* (Bibl. gén.)

Paris. — Société botanique de France, fondée en 1854. *Bulletin.* In-8°, 1862. (8° I Paris 5.)

— Société zoologique de France, fondée en 1875. *Bulletin.* In-8°, t. V 1880 à t. XVI 1891 et suiv. (8° I Paris 1.)

— Société zoologique de France. *Mémoires.* In-8°, t. I 1888 à t. IV 1891 et suiv. (8° I Paris 2.)

Paris. — Société linnéenne. *Mémoires*. In-8°, t. III 1825 et t. V 1827. (8° I Paris 3.)

— Journal de conchyliologie. In-8°, t. II 1850 à t. IV 1853. (8° I Paris 4.)

— Annales des sciences naturelles. In-8°.

1re *série*. — T. I à XXX texte (1824 à 1833) in-8°, avec 5 vol. atlas et 2 vol. explicat. in-4°, des t. I à XII et 3 vol. atlas in-8° des t. XIII à XXX.

ZOOLOGIE. — 2e *série*. — T. I à XX texte (1834-43) avec 1 vol. de pl. des t. I à XX.

3e *série*. — T. I à X texte et t. XI à XX texte et pl. (1844-53) avec 2 vol. de pl. des t. I à X et 1 broch. table.

4e *série*. — T. I à XX texte et pl. (1854-63).

5e *série*. — T. I à XX texte et pl. (1864-74), manque les t. V et VI.

6e *série*. — T. I à XX texte et pl. (1874-85).

7e *série*. — T. I à X texte et pl. (1886-90).

BOTANIQUE. — 2e *série*. — T. I à XX texte (1834-43), avec 1 vol. pl. des t. I à XX.

3e *série*. — T. I à X texte et t. XI à XX texte et pl., avec 2 vol. pl. des t. I à X (1844-53).

4e *série*. — T. I à XX texte et pl. (1854-63).

5e *série*. — T. I à XX texte et pl. (1864-74).

6e *série*. — T. I à XX texte et pl. (1875-84).

7e *série*. — T. I à XIII texte et pl. (1885-91) et à suivre. (8° I Paris 6.)

— Annuaire de l'Institut des provinces et des Congrès scientifiques de France. (Bibl. gén.)

— Congrès scientifiques de France. (Bibl. gén.)

— Revue des Sociétés savantes, publiée sous les auspices du Ministre de l'Instruction publique, contenant : Bulletin du Comité des travaux historiques, Mémoires des Sociétés savantes de la France et de l'étranger, Documents inédits sur l'Histoire des provinces, Missions scientifiques et littéraires données par le Gouvernement, Revue bibliographique. (Bibl. gén.)

— Société nationale d'agriculture de France. *Bulletins et Mémoires*. (Bibl. gén.)

— Revue des cours scientifiques, Revue scientifique. (Bibl. gén.)

— Association française pour l'avancement des sciences. (Bibl. gén.)

— Compte rendu des séances de l'Académie des sciences. (Bibl. gén.)

Pau. — Société des sciences, lettres et arts de Pau, fondée en 1841. *Bulletin.* (Bibl. gén.)

Perpignan. — Société agricole, scientifique et littéraire des Pyrénées-Orientales, fondée en 1833. (Bibl. gén.)

Puy (Le). — Société d'agriculture, sciences, arts et commerce du Puy, ou Société académique du Puy, fondée en 1819. *Annales.* (Bibl. gén.)

— Société agricole et scientifique de la Haute-Loire. *Mémoires et procès-verbaux.* (Bibl. gén.)

Reims. — Académie de Reims, fondée en 1841. *Travaux.* (Bibl. gén.)

Rennes. — Société des sciences et arts de Rennes. (Bibl. gén.)

Rochelle (La). — Académie de la Rochelle : annales des sciences naturelles de la Charente-Inférieure, fondée en 1732. In-8°, t. X, 1870 à t. XVII 1880, t. XIX, 1882 à t. XXIV 1887. (8° I Rochelle 1.)

Rochefort. — Société d'agriculture, sciences et belles-lettres de Rochefort, fondée en 1806. (Bibl. gén.)

Roche-sur-Yon. — Société d'émulation de la Vendée, fondée en 1854. *Annuaire.* (Bibl. gén.)

Rouen. — Académie des sciences, belles-lettres et arts de Rouen, fondée en 1744. *Précis analytique des travaux.* (Bibl. gén.)

— Société libre d'émulation de Rouen et de la Seine-Inférieure, fondée en 1790. (Bibl. gén.)

— Société des amis des sciences naturelles de Rouen, fondée en 1864. *Bulletin.* In-8°.

1re *série.* — Années 1re 1865, 6e, 7e, 8e, 1er semestre seulement, 9e, 10e, 2e semestre seulement.

2e *série.* — Années 11e 1875 à 18e 1882, 19e 1er semestre, 20e.

3e *série.* — Années 21e 1885 à 26e 1890. (8° I Rouen 1.)

Saint-Brieuc. — Société d'émulation des Côtes-du-Nord, fondée en 1861. *Bulletins* et *Mémoires.* (Bibl. gén.)

Saint-Etienne. — Société d'agriculture, sciences, arts et belles-lettres du département de la Loire, fondée en 1822. *Annales* (Bibl. gén.)

Saint-Quentin. — Société académique de Saint-Quentin, fondée en 1825. (Bibl. gén.)

Saint-Lo. — Société d'agriculture, d'archéologie et d'histoire naturelle du département de la Manche, fondée en 1836. *Notices, mémoires et documents.* (Bibl. gén.)

Semur. — Société des sciences historiques et naturelles de Semur, fondée en 1842. *Bulletin.* (Bibl. gén.)

Toulon. — Société académique du Var, fondée en 1811. *Bulletin.* (Bibl. gén.)

Toulouse. — Académie des sciences, inscriptions et belles-lettres de Toulouse, fondée en 1640. *Mémoires.* (Bibl. gén.)

— Académie des Jeux floraux, fondée en 1694. *Recueil.* (Bibl. gén.)

— Société d'histoire naturelle, fondée en 1866. *Bulletin.* In-8°, t. I 1867 à t. XIV, t. XVI à XVIII 1884. (8° I Toulouse 2.)

— Revue mycologique, fondée en 1879. In-8°, années 1879 à 1891. (8° I Toulouse 1.)

— Société académique franco-hispano-portugaise. *Bulletin.* (Bibl. gén.)

Tours. — Société d'agriculture, sciences, arts et belles-lettres du département d'Indre-et-Loire, fondée en 1761. *Annales.* (Bibl. gén.)

Troyes. — Société d'agriculture, sciences, arts et belles lettres du département de l'Aube. (Société académique de l'Aube), fondée en 1801. *Mémoires.* (Bibl. gén.)

Valenciennes. — Société d'agriculture, des sciences et des arts de Valenciennes, fondée en 1831. *Mémoires.* (Bibl. gén.)

Vannes. — Société polymathique du Morbihan, fondée en 1826. *Bulletin.* (Bibl. gén.)

Versailles. — Société d'agriculture et des arts de Seine-et-Oise, fondée en 1798. *Mémoires.* (Bibl. gén.)

Vesoul. — Société d'agriculture, sciences et arts du département de la Haute-Saône, fondée en 1801. *Bulletin.* (Bibl. gén.)

Vitry-le-François. — Société des sciences et arts de Vitry-le-François, fondée en 1861. *Bulletin.* (Bibl. gén.)

Alsace-Lorraine.

Metz. — Société d'histoire naturelle du département de la Moselle. *Bulletin.* (1860-87). In-8°. (8° I Metz 1.)

— Académie de Metz (Lettres, sciences, arts, agriculture). *Mémoires.* (Bibl. gén.)

Strasbourg. — Société des sciences, agriculture et arts de la Basse-Alsace. *Bulletin.* (Bibl. gén.)

— Société des sciences, agriculture et arts du dép. du Bas-Rhin. *Journal.* (Bibl. gén.)

Angleterre.

London. — The annals and magazine of natural history. In-8°, années 1867-70. (8° I London 1.)

Russie.

Moscou. — Société impériale des naturalistes de Moscou. *Bulletin.* In-8°, 1885 et suiv. (8° I Moscou 1.)

Odessa. — Nouvelle Société des naturalistes russes. *Mémoires.* In-8°, t. I avec suppts et t. IX. (8° I Odëssa 1.)

AMÉRIQUE.

Amérique du Nord.

Boston. — Annual report of the trustees of the Museum of comparative zoology. 1 br. in-8°, 1868. (8° I Boston 1.)

— Report of the commissioners of fisheries. 1 broch. in-8° 1869. (8° I Boston 2.)

Minnesota. — The geological and natural history survey of Minnesota. In-8°. (8° I Minnesota 1.)

Missouri. — Report of the geological survey. 1 vol. in-8°, 1874. (8° I Missouri 1.)

New-York. — Annals of the Lyceum of natural history. In-8° (1856-68) (8° I New-York 1.)

Saint-Paul. — Geological and natural history survey of Minnesota. In-8°, 1887. (8° I Saint-Paul 1.)

San Francisco. — Bulletin of the California Academy of sciences. In-8°, 1887, vol. II, nos 7 et 8. (8° I San Francisco 1.)

Trenton. — Journal of the Trenton natural history society. In 8°, (1887-89), nos 1 à 3. (8° I Trenton 1.)

Washington. — Geological survey of the United States. Annual report (1880-88). 10 vol. in-4° rel. (4° I Washington 1.)

— Report of the United States geological survey of the territories. Vol. VI, Lesquereux : Cretaceous flora. In-4°, 1874. (4° I Washington 2.)

— North American Fauna. In-8°, 1889, fasc. 1 à 4. (8° I Washington 1.)

— Sixth annual report of the United States geological survey of the territories. 2 vol. in-8°, 1873. (8° I Washington 2.)

— Geological survey of the United States. Couës (Elliot) : Birds of northwest. In-8°, 1874. (8° I Washington 3.)

— Annual report of the Board of regents of the Smithsoniam Institution. In-8°, 1858, 1863-1887. (8° I Washington 4.)

— List of foreign correspondents of the Smithsoniam Institution. In-8°, 1882. (8° I Washington 5.)

Amérique du Sud.

Rio-de-Janeiro. — Archivos do Museu nacional. In-4o (1885-87), vol. VI et VII. (4o I Rio-de-Janeiro 1.)

II. — GÉOLOGIE, PALÉONTOLOGIE ET MINÉRALOGIE.

Amondieu (J.-L.-A.). — La minéralogie enseignée en vingt-quatre leçons. Paris, 1826, 1 vol. in-8o, rel. (8o II-A 2).

Archiac (Vicomte d'). — Histoire des progrès de la géologie de 1834-1845. Paris, 1847 à 1860, 8 vol. in-8o. (8o II-A 1.)

Baret (Ch.). — Mica primitif d'Orvault, Loire-Inférieure. Nantes, 1877, 1 br. in-8o, avec 1 pl. (8o II cart. B 2.)

— Gypse des marais salants de Batz, Loire-Inférieure. Nantes, 1 br. in-8o, 2 pl. (8o II cart B 3.)

Belgrand (E.). — Le bassin parisien aux âges antehistoriques. Paris, 1869, 1 vol. in-4o, avec 76 pl. phot. (4o II-B 3.)

Beudant (F.-S.). — Cours élémentaire d'histoire naturelle, à l'usage des collèges et des maisons d'éducation (géologie.) Paris, 1840, 1 vol. in-8o. (8o II-B 8.)

— Voyage minéralogique et géologique en Hongrie. Paris, 1822, 3 vol. in-4o et 1 atlas, cart. (4o II-B 1.)

— Cours élémentaire d'histoire naturelle (minéralogie et géologie.) Paris, 1841, 1 vol. in-8o. (8o II-B 7.)

Boissy (Sainte-Ange de). — Description des coquilles fossiles du calcaire lacustre de Rilly-la-Montagne, près Reims. Paris, 1 br. in-4o, 2 pl. (4o II-B 4.)

Boubée (Nérée). — La géologie dans ses rapports avec l'agriculture et l'économie politique. Paris, 1840, 1 br. in-8o. (8o II-B 3.)

Boucheporn (De). — Explication de la carte géologique du départ. de la Corrèze. Paris, 1848, 1 vol. in-8o. (8o II-B 2.)

— Explication de la carte géologique du départ. du Tarn. Paris, 1848, 1 vol. in-8o. (8o II-B 5.)

Boulanger. — Description du bassin houiller de Décize, Nièvre. Paris, 1849, 1 br. in-4o. (4o II cart. B 1.)

Boulanger et **Bertera**. — Texte explicatif de la carte géologique du départ. du Cher. Paris, 1850, 1 vol. in-8°. (8° II-B 4.)

Bourguignat (J.-R.). — Catalogue des mollusques terrestres et fluviatiles des environs de Paris à l'époque quaternaire. Paris, 1 vol. in-4°, avec pl. (4° II-B 5.)

Brard (C.-P.). — Manuel du minéralogiste et du géologue voyageur. Paris, 1808, 1 vol. in-8°. (8° II-B 6.)

Breton (Philippe). — Mémoire sur les barrages de retenue des graviers dans les gorges des torrents. Paris, 1867, 1 br. in-4°, avec 6 pl. (4° II-B 2.)

Buckland (William). — La géologie et la minéralogie dans leurs rapports avec la théologie naturelle. Paris, 1838, 2 vol. in-8° rel. (8° II-B 1.)

Bureau (Ed.). — Note sur l'existence de trois étages distincts dans le terrain dévonien de la Basse-Loire. Paris, 1860, 1 br. in-8°. (8° II cart. B 1.)

— Recherches sur la structure géologique du bassin primaire de la Basse-Loire. Paris, 1883, 1 br. in-8°. (8° II cart. B 4.)

— Sur la présence de l'étage houiller moyen en Anjou. Paris, 1884, 1 br. in-4°, 2 pl. (4° II cart. B 4.)

— Sur la fructification du genre Callipteris. Paris, 1885, 1 br. in-4°, avec 1 pl. (4° II cart. B 2.)

— Premières traces de la présence du terrain permien en Bretagne. Paris, 1885, 1 br. in-4°, 2 pl. (4° II cart. B 5.)

— Etudes sur une plante phanérogame (*Cymodoceites parisiensis*), de l'ordre des Naïadées, qui vivait dans les mers à l'époque éocène. Paris, 1886, 1 br. in-4°, 2 pl. (4° II cart. B 3.)

Cailliaud (F). — Carte géologique du départ. de la Loire-Inférieure. Notice. Nantes, 1861, 1 br. in-8°. (8° II cart. C. 5.)

Canu (Le). — Eléments de géologie. Paris, 1856, 1 vol. in-8°. (8° II-C 1.)

Cartailhac (Emile). — Rapport sur la paléoethnologie ; période néolithique ou de la pierre polie. 1 br. in-8°. (8° II cart. C 2.)

Chantre (Ernest.). Les faunes mammalogiques tertiaires et quaternaires du bassin du Rhône. Lyon, 1874, 1 br. in-8°, 3 pl. (8° II cart. C 3.)

— L'âge de la pierre et l'âge du bronze en Troade et en Grèce. 1 br. in-8°. (8° II cart. C 1.)

Chevalier (J.-P.). — Traité inédit de géographie métallurgique. Amiens, 1835, 1 br. in-8°. (8° II cart. C 4.)

Daubenton (C.). — Tableau méthodique des minéraux. Paris, an VII, 1 vol. in-8°, manuscrit. (8° II-D 3.)

Desvaux. — Tableau synoptique des minéraux. Paris, 1805. 1 vol. in-4°. (4° II-D 4.)

— Méthode simplifiée pour l'étude de la minéralogie. Nantes, 1 br. in-8°. (8° II-D 2.)

Dormoy (Emile). — Topographie souterraine du bassin houiller de Valenciennes. Paris, 1867, 1 vol. in-4°. (4° II-D 3.)

Drouot. — Notice sur les gîtes de houille et les terrains des environs de Forges et de la Chapelle-sous-Dun. Paris, 1857, 1 br. in-4°. (4° II-D 2.)

Dubuisson (F.-R.-A.). — Catalogue de la collection minéralogique, géognostique et minéralurgique du départ. de la Loire-Inférieure, avec 1 carte. Nantes, 1830, 1 vol. in-8°, rel. (8° II-D 4.)

Dufour (Ed.) — Description sommaire avec plan, coupes, profil et listes de fossiles des terrains tertiaires, fluvio-lacustres et marins de Campbon à Saint-Gildas-des-Bois. Nantes, 1877, 1 br. in-8° et 6 pl. (8° II cart. D 1.)

— Examen des dépôts éocènes d'Arthon-Chéméré, Loire-Inférieure, Nantes, 1878, 1 br. in-8°. (8° II cart. D 2.)

Dufrenoy (A.) — Traité de minéralogie. Paris, 1844-45, 3 vol. in-8°, texte et 1 vol. atlas. (8° II-D 1.)

Dufrenoy et Baumont (Elie de). — Explication de la carte géologique de la France. Paris, 1841-48, 2 vol. in-4°, avec nomb. fig. rel. (4° II-D 1.)

Eisenlohr. — Description topographique et géonostique du Kaiserstuhl. Epinal, 1838, 1 br. in-8°. (8° II-E 1.)

Falsan (A.) et Chantre (E.). — Monographie géologique des anciens glaciers et du terrain erratique de la partie moyenne du bassin du Rhône. Lyon, 1875, 1 atlas in-folio, avec 6 pl. col. (F° II-F 1.)

Fournel (Henri). — Etude des gîtes houillers et métallifères du bocage Vendéen. Paris, 1836, 1 vol. in-4°. (4° II-F 1.)

Gras (Scipion). — Description géologique du départ. de Vaucluse. Paris, 1862, 1 vol. in-8°, avec 2 pl. noires et col. (8° II-G 1.)

Gruner (L.). — Description géologique et minéralogique du départ. de la Loire. Paris, 1857, 1 vol. in-8° et 1 carte. (8° II-G 2.)

— Etude des bassins houillers de la Creuse, Paris, 1868, 1 vol. in-4°. (4° II-G 1.)

Helland (A.) et Münster (E. B.). — Forckomster af kise i visse skifere i norge. Christiania, 1873, 1 br. in-4°. (4° II cart. H 1.)

Humboldt (Alexandre de). — Cosmos. Essai d'une description physique du monde. Paris, 1855-59. 4 vol. in-8°, rel. (8° II-H 1).

Johanys. — Détermination des caractères spécifiques des roches. 1 br. in-8°. (8° II cart. J 2.)

Joly (N.) et Leymerie. — Mémoire sur les Nummulites considérées zoologiquement et géologiquement. Toulouse, 1 br. in-8°. (8° II cart. J 1.)

Kjerulf (L.-T.) — Veiviser ved geologiske excursioner i Christiania omegn. Christiania, 1865. 1 br. in-4°. (4° II cart. K 1.)

Lebesconte (P.). — Note stratigraphique sur le bassin tertiaire des environs de Rennes. Paris, 1879. 1 br. in-8°. (8° II cart. L 3.)

Lartet (Ed.). — Notice sur la colline de Sansan. Auch, 1851. 1 br. in-8° avec 1 pl. (8° II cart. L 1.)

Lechanteur de Pontaumont. — Voyage à Carentan. Cherbourg, 1846. 1 br. in-8°. (8° II cart. L 2.)

Ledoux (Ch.). — Etude sur les terrains triasiques et jurassiques. Paris, 1868. 1 br. in-8° avec 1 carte. (8° II-L 1.)

Lory (Charles). — Description géologique du Dauphiné. Paris, 1860. 1 vol. in-8° avec 3 pl. et 1 carte, rel. (8° II-L 2.))

Quatrefages (De). — Observations sur la mâchoire de Moulin-Quignon. Paris, 7863. 1 br. in-4°. (4° II cart. Q 1.)

— Sur la mâchoire humaine découverte par M. Boucher de Perthes dans le diluvium d'Abbeville. Paris, 1863. 1 br. in-4°. (4° II cart. Q 2.)

Marty. — La caverne de Montlaur. Toulouse, 1883. 1 br. in-8° avec 15 pl. et 1 carte. (8° II-M 1.)

Meissas (N.). — Résumés d'histoire naturelle (géologie). Paris, 1840. 1 vol in-8°. (8° II-M 2.)

Milne-Edwards. — Sur les résultats fournis par une enquête relative à l'authenticité de la découverte d'une mâchoire humaine et de haches en silex, dans le terrain diluvien de Moulin-Quignon. 1 br. in-4°. (4° II cart. M 1.)

Pont-Péan. — Mine de plomb argentifère de Pont-Péan (Ille-et-Vilaine). 1 br. in-8° avec 1 carte. (8° II cart. M 1.)

Natale (G. de). — Richerche geognostiche sui terrei del distretto di Messina. Messina, 1851. 1 br. in-8°. (8° II cart. N 1.)

Orbigny (Charles d'). — Description sommaire de divers terrains qui constituent l'écorce terrestre. Paris, 1849. 1 br. in-8°. (8° II cart. O 1.)

Péroche (Jules). — L'homme et les temps quaternaires. Paris, 1881. 1 br. in-8o. (8o II cart. P 1.)

Pillet (Louis). — Nouvelle description géologique et paléontologique de la colline de Lemenc sur Chambéry. 2 atlas in-4o de 31 pl. (4o II-P 1.)

Planchon (G.). — Etude des tufs de Montpellier au point de vue géologique et paléontologique. (Paris, 1864. 1 vol. in-4o avec 2 pl. (4o II-P 2.)

Poulett-Scrope (G.). — Géologie et volcans éteints du centre de la France. Clermont-Ferrand, 1864. 1 vol. in-8o avec 21 pl. et 2 cartes col. (8o II-P 1.)

Rey. — Les quatre sources de Reuss au Saint-Gothard. Paris, 1835. 1 br. in-8o. (8o II cart. R 1.)

— La source et le glacier du Rhône en juillet 1834. Paris, 1835. 1 br. in-8o. (8o II cart. R 2.)

Rouault (Marie). — Œuvres posthumes suivies de : *Les Cruziana* et *Rysophycus*, connus sous le nom général de Bilobites, sont-ils des végétaux ou des traces d'animaux ? par P. Lebesconte. 1883. 1 vol. texte in-folio avec atlas de 22 pl. (fo II-R 1.)

Roussille (Albert). — Cours de minéralogie à l'usage des élèves des écoles d'agriculture. Paris, 1880. 1 vol. in-8o. (8o II-R 1.)

Sars (M.). — Om de i norge forekommende fossile dyrelevninger fra quartœrperioden. Christiania, 1865. 1 br. in-4o. (4o II-S 1).

Seue (C. de). — Le Névé de Justedal et ses glaciers. Christiania, 1870. 1 br. in-4o avec 1 pl. et 1 carte. (4o II cart. S 3.)

Surell (Alexandre). — Etude sur les torrents des Hautes-Alpes. Paris, 1870. 1 vol. in-8o avec 4 pl. (8o II-S 1.)

Tromelin (Le Goarant de). — Etude des terrains paléozoïques de la Basse-Normandie. Le Hâvre. 1 br. in-8o. (8o II cart. T 1.)

Vasseur (Gaston). — Recherches géologiques sur les terrains tertiaires de la France occidentale. Paris, 1881. 1 vol. in-8o avec 29 fig. dans le texte, 6 cartes hors texte et 1 atlas in-4o de 19 pl. (8o II-V 2 et 4o II-V 1.)

Villeneuve-Flayosc (De). — Description minéralogique et géologique du Var. Paris, 1858. 1 vol. in-8o. (8o II-V 1.)

Wolski (A.-N.). — Mémoire sur le gisement du bassin anthraxifère dans le départ. de Maine-et-Loire. Angers, 1844. 1 br. in-8o, 2 pl. (8o II cart. W 1.)

III. — ANATOMIE ET PHYSIOLOGIE DE L'HOMME.

Camper (Pierre). — Œuvres de Pierre Camper, qui ont pour objet l'histoire naturelle, la physiologie et l'anatomie comparée. Paris, 1803. 2 vol. in-8° et 1 vol. atlas in-folio de 33 pl. (8° III-C 4 et f° III-C 1.)

Carus (A.-J.-L.) — Traité élémentaire d'anatomie comparée. Paris, 1835. 3 vol. in-8° texte et 1 atlas in-4° de 31 pl. (8° III-C 3.)

Cuvier (G. de). — Leçons d'anatomie comparée. Paris, an VIII. 2 vol. in-8°. (8° III-C 2.)

Cuvier (G.) et **Duvernoy (G.-L.)** — Leçons d'anatomie comparée. Paris, 1836-46. 8 vol. in-8°. (8° III-C 1.)

Dugès (Ant.) — Traité de physiologie comparée de l'homme et des animaux. Montpellier, 1838. 3 vol. in-8° et 11 pl. (8° III-D 1.)

Milne-Edwards. — Cours élémentaire d'histoire naturelle, à l'usage des collèges et des maisons d'éducation (zoologie). Paris, 1840. 1 vol. in-8° avec nomb. fig. dans le texte rel. (8° III-M 1.)

IV. — MAMMIFÈRES. — Description, anatomie.

Abadie (B.) — La question chevaline, conférence faite au concours régional, à Nantes. Langres, 1874. 1 br. in-8°. (8° IV cart. A 1.)

Bouvier (A.) — Les Mammifères de la France. Paris, 1891. 1 vol. in-8° avec nomb. fig. dans le texte. (8° IV-B 1.)

Camper (Pierre). — Description anatomique d'un éléphant mâle. Paris, 1802. 1 vol. in-folio avec 20 pl. (f° III-C 3.)

Dubar (J.) — Ostéographie de la baleine échouée à l'est du port d'Ostende, le 4 novembre 1827. Bruxelles, 1828. 1 br. in-8° avec 13 pl. (8° IV-D 1.)

Geoffroy (Saint-Hilaire). — Leçons sur l'histoire naturelle des Mammifères. Paris, 1828. 2 vol. in-8° rel. (8° IV-G 1.)

Gesner (C.) — Historia animalium. 1551. 1 vol. in-folio rel. (f° IV-G 1.)

Isle (Arth. de l'). — De l'existence d'une race nègre chez le rat ou de l'identité spécifique du *Mus rattus* et du *Mus Alexandrinus*. 1 br. in-8°. (8° IV cart. I 1.)

Joly (N.) — Notice sur l'histoire, les mœurs et l'organisation de la Girafe. Toulouse, 1844. 1 br. in-8°. (8° IV cart. J 3.)

— Quelques mots à propos des Yaks récemment introduits en France. Toulouse, 1854. 1 br. in-8°. (8° IV cart. J. 2.)

— Notice sur la naturalisation et la domestication en France du Lama et de l'Alpaca. Toulouse, 1 br. in-8° avec 1 pl. (8° IV cart. J 1.)

Joly (N.) et **Lavocat (A.)** — Recherches historiques, zoologiques, anatomiques et paléontologiques sur la girafe. Strasbourg, 1845. 1 vol. in-4° avec 17 pl. rel. (4° IV-J 1.)

Mauduyt. — Du loup et de ses races ou variétés. Poitiers, 1851. 1 br. in-8° avec 1 pl. (8° IV cart. M 1.)

Pouchet (F.-A.) — Théorie positive de la fécondation des Mammifères basée sur l'observation de toute la série animale. Paris, 1842. 1 vol. in-8°. (8° IV-P 1.)

Sagot (Dr P.) — Elève du bétail à la Guyane. Nantes, 1870. 1 br. in-8°. (8° IV-S 1.)

V. — OISEAUX. — Descriptions, oologie, anatomie.

Audebert (J.-B) et **Vieillot (L.-P.)** — Histoire naturelle et générale des Colibris, Oiseaux-Mouches, Jacamars, Promerops, Grimpereaux et oiseaux de Paradis. Paris, 1802. 2 vol. in-folio avec nomb. pl. (f° V-A 1.)

Barrows (Walter-B.) — The english sparrow. (*Passer domesticus*) in North America, especially in its relations to agriculture. Washington, 1889. 1 vol. in-8°. (8° V-B 2.)

Belon (Pierre). — Histoire de la nature des oyseaux avec leurs descriptions, et naïfs portraicts retirez du naturel. Paris, 1555. 1 vol. in-4° avec nomb. pl. rel. (4° V-B 1.)

Blandin (Dr J.) — Catalogue des oiseaux observés dans le département de la Loire-Inférieure. Nantes, 1864. 1 br. in-8°. (8° V. cart. B 5.)

Blandin (J.) — Oiseaux migrateurs qui visitent la Bretagne et causes de leurs migrations. Saint-Brieuc, 1 vol. in-8°. (8° V-B 1.)

Bureau (Louis). — L'Aigle botté, *Aquila pennata* (Cuv.), d'après des observations recueillies dans l'ouest de la France. Paris, 1875. 1 br. in-8° avec 1 pl. col. (8° V cart. B 3.)

— De la mue du bec et des ornements palpébraux du Macareux arctique. Paris, 1878. 1 br. in-8° avec 2 pl. (8° V cart. B 2.)

— Recherches sur la mue du bec des oiseaux de la famille des Mormonidés. Paris, 1879. 1 br. in-8° avec 6 pl. n. et col (8° V cart. B 1.)

— Sur les passages du Syrrhapte paradoxal. (*Syrrhaptes paradoxus*) dans l'ouest de la France. Paris, 1888. 1 br. in-8° (8° V cart. B 4.)

— Note sur la reproduction des *Passer hyspanolensis, P. domesticus* et *P. montanus*. Paris, 1876. 1 br. in-8° 2 p. (8° V. cart. B 6.)

— Note sur des femelles d'*Emberiza cirlus* et de *Passerina melanocephala* à plumages de mâles. Paris, 1877. 1 br. in-8°. (8° V cart. B 7.)

Collett (R.) — Remarks on the Ornithology of Northern Norway. Christiania, 1872. 1 br. in-8°. (8° V cart. C 1.)

Couprière (La). — Manuel de l'amateur des oiseaux de chambre. Paris, 1829. 1 vol. pet. in-8°. (8° V-C 1.)

Degland (C.-D.) Gerbe (Z.) — Ornithologie européenne ou Catalogue descriptif, analytique et raisonné des oiseaux observés en Europe. Paris, 1867. 2 vol. in-8° rel. (8° V-D 1.)

Fresnay (De la). — Essai d'une nouvelle manière de grouper les genres et les espèces de l'ordre des Passereaux. 1 br. in-8°. (8° V cart. F 1.)

Gesner (C.) — De Avibus. 1 vol. in-folio rel. (f° V-G 1.)

Gouëzel. — Les oiseaux de mer, leur utilité au point de vue de la navigation et de la pêche. Nantes, 1875. 1 br. in-8°. (8° V cart. G 1.)

Gouraud (H.-J.) — Architecture des oiseaux, traduit de l'Anglais. Lyon, 1836. 1 vol. in-8° rel. (8° V-G 1.)

Harting (J.-E.) — Moult of bill and palpebral appendages in the common Puffin. 1878. 1 br. in-8°. (8° V cart. H 1.)

Jannettaz (Ed.) — Les oiseaux. Paris, 1 br. in-8°. (8° V cart. J 1.)

Lesson (R.-P.) — Histoire naturelle des oiseaux de Paradis et des Epimaques. Paris, 3 vol. in-8° rel. (8° V-L 2.)

Lewin (John-William). — Birds of New south wales with their natural history. Sydney, 1813. 1 vol. in-4° avec 18 pl. col. (4° V-L 1.)

Raspail (X.) — Histoire naturelle des merles. Paris, 1878. 1 br. in-8°. (8° V cart. R 2.)

— Monographie du rossignol. Paris, 1879. 1 br. in-8°. (8° V cart. R 1.)

Temminck (J.-C.) — Manuel d'ornithologie ou tableau systématique des oiseaux qui se trouvent en Europe. Paris, (1820-40). 4 vol. in-8° (8° V-T 1.)

Vieillot (L.-P.) — La galerie des oiseaux. Paris, 1834. 2 vol. in-8° carré avec nomb. pl. cart. (8° V-V 2.)

Vincelot (l'abbé). — Les noms des oiseaux expliqués par leurs mœurs. Paris, 1872. 2 vol. in-8° rel. (8° V-V 1.)

VI. — REPTILES ET BATRACIENS.

Description, anatomie.

Duméril (A.-M.-C.) — Erpétologie générale ou histoire naturelle complète des reptiles. Paris, (1834-54). 10 vol. in-8° avec atlas de 108 pl. col. rel. (8° VI-D 1.)

— Exposé sommaire du plan de l'Erpétologie générale. 1854. 1 br. in-8°. (8° VI cart. D 1.)

— Notes pour servir à l'histoire de l'Erpétologie de l'Afrique occidentale. Paris, 1857. 1 br. in-8°, 2 pl. (8° VI cart. D 5.)

— Création d'une race blanche d'Axolotls à la ménagerie des Reptiles du Muséum d'histoire naturelle. Paris, 1870. 1 br. in-8°. (8° VI cart. D 7.)

— Métamorphoses des Batraciens urodèles à branchies extérieures du Mexique dits Axolotls. Paris. 1 br. in-8°. (8° VI cart. D 4.)

— Sur les mouvements généraux des serpents. 1 br. in-4°. (4° VI cart. D 6.)

— Catalogue méthodique de la collection des Batraciens du Muséum d'histoire naturelle de Paris. Paris. 1 br. in-8°. (8° VI cart. D 2.)

— Les Reptiles utiles. 1 br. in-8°. (8° VI cart. D 3.)

— Expériences faites à la ménagerie des reptiles du Muséum d'histoire naturelle. Paris. 1 br. in-8°. (8° VI cart. D 6.)

Fontana (Félix). — Traité sur le venin de la vipère, sur les poisons américains, sur le laurier-cerise et sur quelques autres poisons végétaux. Florence, 1781. 2 vol. in-4° avec 10 pl. rel. (4° VI-F 1.)

Isle (Arth. de l'). — De l'hybridation chez les amphibies anoures et urodèles. Paris, 1872. 1 br. in-8°. (8° VI cart. I 3.)

— Mœurs et accouchement de l'*Alytes obstetricans*. Paris, 1876, 1 br. in-8°. (8° VI cart. I 2.)

Isle (Arth. de l'). — Sur un nouveau Batracien urodèle de France. (*Triton Blasii.*) 1 br. in-8°. (8° VI cart. I 1.)

Latreille (P.-A.) — Histoire naturelle des Salamandres de France. Paris, 1800. 1 br. in-8°, 6 pl. (8° VI cart. L 1.)

Mauduyt. — Herpétologie de la Vienne ou tableau méthodique, indicatif et descriptif des reptiles tant vivants que fossiles. Poitiers, 1844. 1 br. in-8°. (8° VI cart. M 1.)

Viaud-Grand-Marais (Dr). — Notes sur les mœurs des vipères indigènes. Nantes, 1867. 1 br. in 8°. (8° VI cart. V 1.)

— Note sur l'envenimation ophidienne, étudiée dans les différents groupes de serpents. Nantes, 1880. 1 br. in-8°. (8° VI cart. V 2.)

— Serpents venimeux. (Extrait du dictionnaire Dechambre.) Paris, 1 br. in-8°. (8° VI cart. V 3.)

— Études médicales sur les serpents de la Vendée et de la Loire-Inférieure. Nantes (1867-69). 1 vol. in-8°. (8° VI-V 1.)

VII. — POISSONS. — Description, anatomie, pisciculture.

Berthoule (Am.) — Le saumon et la loi sur la pêche. Paris, 1889. 1 br. in-8°. (8° VII cart. V 1.)

Blanchère (H. De la). — Nouveau Dictionnaire général des Pêches. Paris, 1868. 1 vol. in-4° avec nomb. pl. noires et col. rel. (4° VII-B 1.)

Bureau (Dr Louis). — Sur une monstruosité de la Raie estellée *Raia asterias* Rond. Paris, 1889. 1 br. in-8°. (8° VII cart. B 1.)

Cuvier (Le Bon). — Histoire naturelle des Poissons. Paris, 1828. 22 vol. in-4° avec nomb. pl. col. rel. (4° VII-C 1.)

Duméril (Aug.) — Monographie de la tribu des Scylliens ou Roussettes (poissons Plagiostomes). 1 br. in-8° (8° VII cart. D 1.)

— Les poissons-voyageurs. 1 br. in-8° (8° VII cart. D 2.)

— Le Lépidosiren et le Protoptère. 1 br. in-8° (8° VII cart. D 3.)

— Les Lophobranches. 1 br. in-8°. (8° VII cart. D 4.)

— De la vessie natatoire des Ganoïdes et des Dipnés. 1 br. in-8°. (8° VII cart. D 5.)

Lemarié (Eug.) — Poissons des départements de la Charente, de la Charente-Inférieure, des Deux-Sèvres, de la Vendée et de la Vienne. Niort, 1866. 1 br. in-8° (8° VII cart. L 1.)

Mauduyt. Ichthyologie de la Vienne. Poitiers, 1848. 1 br. in-8° avec 2 pl. (8° VII cart. M 1.)

Rondelet (G.) — Libri de Piscibus Marinis, in quibus veræ Piscium effigies expressæ sunt. Lugduni, 1554. 1 vol. in-4° avec pl. rel. (4° VII-R 1.)

Vaillant (Léon). — Sur la présence du saumon dans les eaux marines de la Norvège. Paris, 1889. 1 br. in-8° (8° VII cart. V 1.)

VIII. — INSECTES. — Orthoptères, Névroptères, Strepsiptères ou Rhipiptères, Hémiptères, Coléoptères, Hyménoptères, Diptères, Lépidoptères.

Blanchard (Emile). — Histoire des Insectes, traitant de leurs mœurs et de leurs métamorphoses en général. Paris, 1845. 2 vol. in-8°. (8° VIII-B 1.)

Boitard. — Manuel d'entomologie ou histoire naturelle des Insectes. Paris, 1828 2 vol. in-8°, rel. (8° VIII-B 5.)

— Entomologie ou histoire naturelle des Insectes et des Myriapodes. Paris, 3 vol. petit in-8°. (8° VIII-B 4.)

Bourgeois (J.). — Recueil de Coléoptères anormaux. Rouen, 1880. 1 br. in-8°, avec nomb. fig. (8° VIII-B 3.)

Brunner (C.) et **Wattenwyl.** — Prodromus der europaischen, Orthopteren. Leipzig, 1882. 1 vol. in-8°, avec 11 pl. (8° VIII-B 2.)

Comte (Achille). — Règne animal disposé en tableaux méthodiques. (Insectes). Paris, 1840. Un album in-folio de 24 tableaux. (f° VIII-C 1.)

Conil (Aug.) — Etudes sur l'*Acridium paranense,* ses variétés et plusieurs insectes qui le détruisent. Cordoba, 1881. 1 br. in-8°, avec 7 pl. (8° VIII cart. C 1.)

Cramer (Pierre). — Papillons exotiques des trois parties du monde, l'Asie, l'Afrique et l'Amérique. Amsterdam, 1774-82. 5 vol. in-4°, avec nomb. pl. col. (4° VIII-C 1.)

Debeauvoys. — Guide de l'Apiculteur, quatrième édition. Paris, 1853. 1 vol. in-8°, avec 1 pl. (8° VIII-D 4.)

Desvaux (A.-N.). — L'Apiculture simplifiée ou nouvelles instructions sur l'éducation des abeilles. Angers, 1849. 1 vol. in-8°. (8° VIII-D 2.)

Ducouédic (P.). — La ruche pyramidale. Paris, 1813. 1 vol. in-8°, avec pl. (8° VIII-D 3.)

Duponchel (A.-J.). — Iconographie et histoire naturelle des chenilles. Paris, 1849. 2 vol. in-8°, avec nomb. pl. col., rel. (8° VIII-D 1.)

Fabricius (J.-C.). — Entomologia systematica emendata et aucta. 1792-98. 7 vol. in-8°, rel. (8° VIII-F 3.)

— Systema Eleutheratorum. Kiliæ, 1801. 2 vol. in-8°, rel. (8° VIII-F 4.)

— Systema Rhyngotorum. Brunsvigæ, 1803. 1 vol. in-8°. (8° VIII-F 5.)

— Systema Piezatorum. Brunsvigæ, 1804. 1 vol. in-8°. (8° VIII-F 6.)

Fauvel (Albert). — Faune gallo-rhénane ou spécies des Insectes qui habitent la France, la Belgique, la Hollande, le Luxembourg, la Prusse Rhénane, le Nassau et le Vallais. Caen, 1868. 1 vol. in-8°, avec 3 pl. col. (8° VIII-F 2.)

Finot (A.). — Les Orthoptères de la France. Paris, 1883. 1 vol. in-8°, avec 1 pl. (8° VIII-F 1.

Fischer (H.-L.). — Orthoptera europæa. Lipsiæ, 1853. 1 vol. in-4°, avec 18 pl. noires et col., rel. (4° VIII-F 1.)

Frémy. — Sur les ravages occasionnés par les vers blancs et les hannetons, et sur les moyens de les détruire. 1 br. in-8°. (8° VIII cart. F 1.)

Godard (J.-M.) et Duponchel. — Histoire naturelle des Lépidoptères ou papillons de France. Paris, 1821-44. 18 vol. in-8°, avec de nomb. pl. col., rel. (8° VIII-G 1.)

Griffith (W.-J.). — Catalogue raisonné des Lépidoptères observés dans le département du Morbihan. Vannes, 1873. 1 br. in-8° (8° VIII cart. G 1.)

Herpin (Ch.). — Destruction économique de l'alucite et du charançon. 1850. 1 br. in-8° (8° VIII cart. H 1.)

— Sur l'alucite ou teigne des blés et sur les moyens de la détruire. Paris, 1860. 1 br. in-8° (8° VIII cart. H 2.)

Joly. — Mémoire sur l'existence supposée d'une circulation péritrachéenne chez les insectes. Toulouse. 1 br. in-8° (8° VIII cart. J 1.)

Jousset (De Bellesme). — Recherches expérimentales sur la digestion des insectes et en particulier de la blatte. Paris, 1875. 1 vol. in-8°, avec 2 pl. (8° VIII-J 1.)

Lacordaire (Th.). — Histoire naturelle des Insectes coléoptères. Paris, 1854-76. 12 vol. in-8°, rel. (8° VIII-L 1.)

Latreille. — Description d'Insectes d'Afrique. 1 br. in-8°. (8° VIII cart. L 1.)

Lepelletier de Saint-Fargeau (A.). — Histoire naturelle des Insectes hyménoptères. Paris, 1836-46. 4 vol. in-8o, rel. (8o VIII-L 2.)

Lombard. — Manuel des propriétaires d'abeilles suivi de notes historiques. Paris, 1812. 1 vol. in-8o, avec pl. (8o VIII-L 3.)

Millet. — Recherches des Odonates ou Libellulidées de Maine-et-Loire. Angers, 1847. 1 br. in-8o. (8o VIII cart. M 2.)

Mulsant (M.-E.). — Lettres sur l'entomologie, suivies d'une description méthodique de la plus grande partie des Insectes de France. Paris, 1830. 2 vol. in-8o, rel. (8o VIII-M 2.)

— Histoire naturelle des Coléoptères de France. Paris, 1846-60. 1 vol. in-8o. (8o VIII-M 1.)

— Species des Coléoptères trimères sécuripalpes. Lyon, 1851. 2 vol. in-4o, rel. (4o VIII-M 2.)

Mulsant (E.) et **Rey (Cl.).** — Histoire naturelle des Coléoptères de France. Paris, 1865. 1 br. in-8o. (8o VIII cart. M 1.)

Millière. — Iconographie et description de chenilles et lépidoptères inédits. Paris, 1859-69. 3 vol. in-4o, avec nomb. pl. col. rel. (4o VIII-M 1.)

Paykull (G.). — Fauna suecica, insecta. Upsaliæ, 1800. 2 vol. in-8o, t. 1 et 3. (8o VIII-P 1.)

Personna (Camille). — Le ver à soie du chêne à l'Exposition universelle de 1867. Paris, 1868. 1 br. in-8o, avec 1 pl. (8o VIII cart. P 1.)

Pradal (M.-E.). — Histoire et description des Insectes coléoptères du département de la Loire-Inférieure. Nantes, 1859. 1 vol. in-8o. (8o VIII-P 2.)

Réaumur (De). — Mémoires pour servir à l'histoire des Insectes. Paris, 1734-42. 6 vol. in-4o, avec nomb. pl., rel. (4o VIII-R 1.)

Serville (Audinet). — Histoire naturelle des Insectes orthoptères. Paris, 1839. 1 vol. in-8o et 1 atlas de 14 pl. col., rel. (8o VIII-S 1)

Siebke (H.). — Enumeratio insectorum norvegicorum. Christiania, 1874. 1 br. in-8o. (8o VIII cart. S 2.)

Villers (C. de). — Linnæi entomologia faunæ suecicæ descriptionibus aucta. Lugduni, 1789. 4 vol. in-8o, rel. (8o VIII-V 1.)

IX. — ARACHNIDES, ONICHOPHORES, MYRIAPODES.

Conil (P.-Auguste). — Description d'une nouvelle espèce de gamase, *Gamasus inæquipes*. Buenos-Aires, 1879. 1 vol. in-4°, avec 2 pl., rel. (4° IX-C 1.)

X. — CRUSTACÉS. — Podophthalmaires, Edriophthalmes, Entomostracés, Cirrhipèdes, Xiphosures ou Mérostomes.

Boeck (A.). — Bidrag til californiens amphipodefauna. 1 br. in-8°. (8° X cart. B 1.)

— Nye Slægter og Arter af Saltvands-Copepoder. 1 br. in-8°. (8° X cart. B 2.)

Chevreux (Ed.). — Description de l'*Orchomene Grimaldii*, Amphipode nouveau des eaux profondes de la Méditerranée. Paris, 1890. 1 br. in-8° (8° X cart. C 4.)

— *Microprotopus maculatus* et *Microprotopus longimanus*. Paris, 1890. 1 br. in-8°. (8° X cart. C 3.)

— *Hyale Grimaldii* et *Stenothœ Dollfusi*. Paris, 1891. 1 br. in-8°. (8° X cart. C 2.)

— *Vibilia erratica*, Amphipode pélagique nouveau du littoral des Alpes-Maritimes. Paris, 1892. 1 br. in-8°. (8° X cart. C 1.)

Chevreux (Ed.) et Bouvier (E.-L.). — Note préliminaire sur les Paguriens. Paris, 1891. 1 br. in-8°. (8° X cart. C 5.)

— *Perrierella crassipes*, espèce et genre nouveaux d'Amphipodes des côtes de France. Paris, 1892. 1 br. in-8° (8° X cart. C 6.)

Milne-Edwards (H.). — Histoire naturelle des Crustacés, comprenant l'anatomie, la physiologie et la classification de ces animaux. Paris, 1834-40. 3 vol. in-8° texte et 1 atlas in-4° de 41 pl. col. (8° X-M 1.)

Sars (G.-O.). — Norges ferskvandskrebsdyr forste afsnit Branchiopoda. Christiania, 1865. 1 br. in-4o. (4o X cart. S 1.)

— Carcinologiske bidrag til norges Fauna. Christiania, 1870-72. 2 br. in-4o. (4o X cart. S 2.)

— Bemærkninger om de til norges Fauna horende Phyllopoder. 1 br. in-8o. (8o X cart. S 2.)

— Om en dimorph. Udvikling samt Generationsvexel hos *Leptodora*. 1 br. in-8o, avec 1 pl. (8o X cart. S 1.)

XI. — VERS. — Annélides, Géphyriens, Rotifères, Acanthocéphales et Nématoïdes, Cestodes, Trématodes, Turbellariés et Nemertes.

Delpech (A.). — Les trichines et la trichinose chez l'homme et chez les animaux. Paris, 1866. 1 vol. in-8o. (8o XI-D 1.)

Personnat (Camille). — Le ver à soie du chêne, *Bombyx yamamaï*. Paris, 1868. 1 vol. in-8o avec 2 pl. col. (8o XI-P 1.)

XII. — MOLLUSQUES. — Mollusques vrais et Molluscoïdes, Tuniciers, Brachiopodes, Bryozoaires.

Cailliaud (F.). — Mémoires sur les Mollusques perforants. Harlem, 1856. 1 br. in-4o avec 2 pl. (4o XII cart. C 1.)

— Notice sur le genre Clavagelle. 1 br. in-8o avec 3 pl (8o XII cart. C 1.)

Chenu (J.-C.). — Manuel de conchyliologie et de paléontologie conchyliologique Paris 1859-62. 2 vol. in-4o ornés de nomb. pl. (4o XII-C 1.)

Delessert. — Recueil de coquilles. Paris, 1841. 1 vol. in-folio texte et 1 atlas de 10 pl. col. (fo XII-D 1.)

Dupuy (l'abbé D.). — Histoire naturelle des Mollusques terrestres et d'eau douce qui vivent en France. Auch, 1847. 1 vol. in-4o texte et 1 vol. atlas, rel. (4o.XII-D 1.)

Dupuy (l'abbé D.) — Essai sur les Mollusques terrestres et fluviatiles et leurs coquilles. vivantes et fossiles du départ. du Gers. Auch, 1843. 1 vol. in-8° (8° XII-D 1.)

Friele (H.). — Oversigt over de i Bergens Omegn forekommende skaldækte Mollusker. 1 br. in-8°. (8° XII cart. F 1.)

Jensen (O.-S.). — Bidrag til Kristianiaf jordens Molluskfauna. Christiania, 1872. 1 br. in-8°. (8° XII cart. J 1.)

Kiener (L.-C.). — Species général et iconographie des coquilles vivantes. Paris. 8 vol. in-8° rel. et 1 br. cart. avec nomb. pl. col. (8° XII-K 1.)

Lea (Isaac). — Observations on the *Genus unio*. Philadelphia. 1 vol. in-folio avec nomb. pl. (f° XII-L 1.)

— Descriptions de Mollusques : *Unionidae, Lithaxia, Melanidae* de l'Amérique. Philadelphia, 1868. 1 br. in-8° (8° XII cart. L 1.)

Letourneux. — Catalogue des Mollusques terrestres et fluviatiles recueillis dans le dép. de la Vendée. Paris, 1869. 1 br. in-8°. (8° XII cart. L 1.)

Mauduyt (L.). — Tableau indicatif et descriptif des Mollusques terrestres et fluviatiles du départ. de la Vienne. Poitiers, 1838. 1 vol. in-8° avec 2 pl. (8° XII-M 1.)

Millet (P.-A.). — Mollusques terrestres et fluviatiles observés dans le départ. de Maine-et-Loire. Angers, 1813. 1 vol. in-8°. (8° XII-M 2.)

Orbigny (C.-M.-D. d'). — Histoire des parcs ou bouchots à moules des côtes de l'arrondissement de la Rochelle. La Rochelle, 1847. 1 br. in-8°. (8° XII cart. O 1.)

— Tableau méthodique de la classe des Céphalopodes. 1 cahier in-8° de 17 pl., cart. (8° XII cart. O 2.)

Petit de la Saussaye. — Catalogue des Mollusques testacés des mers d'Europe. Paris, 1869. 1 vol. in-4°. (4° XII-P 3.)

Pfeiffer (L.). — Monographia Helicetorum viventium. Lipsiæ, 1868. 2 vol. in-8° rel. (8° XII-P 1.)

— Monographia pnemonopomorum viventium. Casselis, 1852. 1 vol. in-8° rel. (8° XII-P 2.)

Pradal. — Classification des coquillages. Nantes, 1838. 1 cahier in-8°. (8° XII cart. P 2.)

Puységur. — Notice sur la cause du verdissement des huîtres. Paris, 1880. 1 br. in-8°. (8° XII cart. P 1.)

Rang (Sander). — Manuel de l'histoire naturelle des Mollusques et de leurs coquilles. Paris, 1829. 1 vol. petit in-8o rel. (8o XII-R 1.)

— Mémoire sur le genre Ethérie et description de son animal. Nantes. 1 cahier in-8o. (8o XII cart. R 1.)

Reeve. — Monograph of the genus *Patella, Conus, Voluta, Achatina, Cyclophorus*. 5 vol. in-4o avec nomb. pl. col., rel. (4o XII-R 1.)

XIII. — ECHINODERMES. — Crinoïdes, Astéroïdes, Echinoïdes, Holothuries.

Néant.

XIV. — CŒLENTÉRÉS. — Cténophores, Cnidaires, Spongiaires.

Demours (P.). — Essai sur l'histoire naturelle du Polype insecte. Paris, 1744. 1 vol. petit in-8o, avec 1 pl. (8o XIV-D 1.)

Sars (G.-O.). — Bidrag til Kundskaben om Norges Hydroider. 1 br. in-8o, avec 4 pl. (8o XIV cart. S 1.)

XV. — PROTOZAIRES. — Infusoires, Grégariniens, Radiolaires.

Chevallier (Charles). — 300 animalcules infusoires dessinés à l'aide du microscope. Paris, 1839. 1 br. in-8o, avec 6 pl. col. (8o XV cart. C. 1.)

Claparède (E.) et **Lachmann (J.).** — Etudes sur les Infusoires et les Rhizopodes. Paris. 3 vol. in-4o, dont 1 atlas de 37 pl., rel. (4o XV-C 1.)

Moret (Alfred). — Des Infusoires et de la place qu'ils occupent dans le monde. Paris. 1 br. in-8o. (8o XV cart. M 1.)

XVI. — BOTANIQUE VIVANTE.

Aldinus (T.). — Hortus farnesianus. 1 vol. in-4o, avec fig. dans le texte. (4o XVI-A 1.)

Aublet (Fusée). — Histoire des plantes de la Guyane française. Londres, 1775. 4 vol. in-8o, rel. (4o XVI-A 1.)

A. B. C. — Essais sur la taille et la conduite des arbres fruitiers d'après leur végétation naturelle. Nantes, 1847. 1 vol. in-8o. (8o XVI-A 1.)

Bamps (Constant). — Les plantes rares des environs de Hasselt. Gand, 1873. 1 br. in-8o. (8o XVI cart. B 5.)

Barrelier. — Plantes de la France, de l'Espagne, de l'Italie, avec près de 1,500 fig. dans le texte. Paris, 1754. 1 vol. in-folio. (fo XVI-B 1.)

Bastard (T.). — Essai sur la Flore du département de Maine-et-Loire. Angers, 1809. 1 vol. in-8o, rel. (8o XVI-B 7.)

— Notice sur les végétaux les plus intéressants du Jardin des Plantes d'Angers. Angers, 1810. 1 vol. petit in-8o. (8o XVI-B 4.)

— Supplément à l'essai sur la Flore du département de Maine-et-Loire. Angers, 1812. 1 br. in-8o. (8o XVI cart. B 1.)

Beaunier (Stanislas). — Traité pratique sur l'éducation des abeilles. Vendôme, 1816. 1 vol. in-8o, avec 4 pl. (8o VIII-B 6.)

Bautier (Al.). — Tableau analytique de la Flore parisienne. Paris, 1836. 1 vol. petit in-8o. (8o XVI-B 5.)

Beaulieux (Phelipe). — Rapport sur l'arrosoir nantais. Nantes, 1841. 1 br. in-8o, 7 p. (8o XVI cart. B 11.)

Bernou (E.). — Etude de l'écorce de Sapotillier. Paris. 1 br. in-8o. (8o XVI cart. B 2.)

Bisson et **Pradel de Saint-Charles.** — Nouveau procédé de rouissage du chanvre et du lin. 1 br. in-8o. (8o XVI cart. B 9.)

Blytt (A.). — Christiania omegns Phanerogamer og Bregner Med angivelse af deres udbredelse samt en indledning om vegetationens afhœngighed af underlaget. Christiania, 1870. 1 br. in-8o. (8o XVI cart. B 11.)

Boccon (Paul). — Icones et descriptiones rariorum plantarum, Siciliæ, Melitæ, Galliæ et Italiæ. 1864. 1 vol. in-4o, avec nomb. fig. dans le texte. (4o XVI-B 4.)

Boitard, Camuzet, etc. — Annales des flores et de pomone, ou journal des jardins et des champs. Paris, 1832-48. 1 vol. in-8°. (8° XVI-B 8.)

Bonamy. Floræ nannetensis prodromus. Nantes, 1782. 1 vol. in-8°. (8° XVI B 3.)

Bonnechose (A. De). — Recherches historiques sur les progrès de l'horticulture. 1 br. in-8°. (8° XVI cart. B 10.)

Brongniart (Adolphe). — Recherches sur la génération et le développement de l'embryon dans les végétaux phanérogames. Paris, 1827. 1 vol in-8°. et 1 atlas in-4° de 16 pl. (8° XVI-B 1 et 4° XVI cart. B 1.)

Boreau (A.). — Flore du centre de la France et du bassin de la Loire. Paris, 1849. 1 vol. in-8° rel. (8° XVI-B 6.)

— Précis sur les principales herborisations faites en Maine-et-Loire en 1866. 1 br. in-8°. (8° XVI cart. B 3.)

Bulliard. — Herbier de la France ou collection complète des plantes indigènes de ce royaume ; avec leurs détails anatomiques, leurs propriétés et leurs usages en médecine. Paris. 6 vol. in-4°, ornés de nomb. pl. col , rel. (4° XVI-B 1.)

— Dictionnaire élémentaire de botanique. Paris, an VII. 1 vol. in-8°. (8° XVI-B 2)

Bureau (Edouard). — Révision des genres *Tynanthus* et *Lundia*. 1 br. in-8°. (8° XVI cart. B 6.)

— De la famille des Loganiacées. Paris, 1856. 1 vol. in-4°, rel. (4° XVI-B 2.)

— Monographie des Bignoniacées. Paris, 1864. 1 vol. texte in-4° et 1 atlas de 31 pl. (4° XVI-B 3.)

— Rapports sur les excursions faites par la Société botanique de France à Nice. Paris, 1865. 1 br. in-8°. (8° XVI cart. B 7.)

— Morées et Artocarpées de la Nouvelle-Calédonie. Paris, 1872. 1 br. in-8°. (8° XVI cart. B 4.)

— Valeur des caractères tirés de la structure de la tige, pour la classification des Bignoniacées. Paris, 1872. 1 br. in-4°, 2 pl. (4° XVI cart. B 2.)

Burmanus (Joannes). — Thesaurus zeylandicus exhibens plantas in insula zeylana nascentes. Amstelædami, 1737. 1 vol. in-4°, avec nomb. fig. dans le texte. (4° XVI-B 1.)

Candolle (P.-A. de). — Essai sur les propriétés médicales des plantes. Paris, 1816. 1 vol. in-8°. (8° XVI-C 6.)

— Prodromus systematis naturalis regni vegetabilis. Paris, 1824 et suite. (8° XVI-C 1.)

Candolle (Alph. de). — Introduction à l'étude de la botanique. Tome 1er. Paris, 1835. 1 vol. in-8°, rel. (8° XVI-C 5.)

Cap (P.-A.). — Aphorismes de physiologie végétale et de botanique. Paris, 1838. 1 br. in-8°. (8° XVI cart. C 2.)

Chevallier (F.-F.). — Flore générale des environs de Paris selon la méthode naturelle. — Description des plantes agames, cryptogames et phanérogames. Paris, 1836. 2 vol. in-8°, avec 20 pl., rel. (8° XVI-C 2.)

Chirat (Ludovic). — Etudes des fleurs. Botanique élémentaire descriptive et usuelle. Lyon, 1841. 2 vol. petit in-8°, rel. (8° XVI-C 4.)

Clusius (Carolus). — Aulæ quondam familiaris, rariorum plantarum historia. 1601. 1 vol. in-folio, orné de nomb. fig. dans le texte. (f° XVI-C 1.)

— Stirpium nomenclator pannonicus. Antverpiæ, 1584. 1 vol. in-8°, avec nomb. fig. dans le texte. (8° XVI-C 9.)

Columna (F.). — Phytobasanos s. plant. aliquot historia. Paris 1744, 1 vol. in-4° avec 38 pl. (4° XVI-C 2.)

Commelin (J.). — Horti medici amstelodamensis rariorum tam Orientalis, quàm Occidentalis Indiæ, aliarumque peregrinarum plantarum descriptio et icones. Amsterdam, 1697. 2 vol. in-folio, ornés de nomb. pl., rel. (f° XVI-C 2.)

Cooke (C.). — Handbook of british Fungi with full descriptions of all the species, and illustrations of the genera. London, 1871. 2 vol. in-8°, avec nomb. fig., rel. (8° XVI-C 7.)

Cordier (F.-S.). — Les Champignons de la France. Paris, 1870. 1 vol. in-4°, rel. (4° XVI-C 1.)

Cosson (E.). — Notes sur quelques espèces de plantes nouvelles ou critiques. 1847. 1 br. in-8°. (8° XVI cart. C 5.)

— Catalogue des livres de botanique de la bibliothèque de feu le Dr Eugène Fournier. Paris, 1886. 1 br. in-8°. (8° XVI cart. C 1.)

— Notes sur quelques plantes critiques, rares ou nouvelles Paris. 1 br. in-8°. (8° XVI cart. C 4.)

— Notes sur quelques plantes nouvelles, critiques ou rares du midi de l'Espagne. 1 br. in-8°. (8° XVI cart. C 3.)

Cosson (E.) et Germain (E.). — Introduction à une Flore analytique et descriptive des environs de Paris. Paris, 1842. 1 vol in-8°. (8° XVI-C 8.)

— Flore descriptive et analytique des environs de Paris. Paris, 1845. 1 vol. in-8° rel. (8° XVI-C 3.)

Dalibard. — Floræ parisiensis prodromus. Paris, 1749. 1 vol. petit in-8° rel. (8° XVI-D 11.)

Degland (J.-V.). — De Caricibus Galliæ indigenis tentamen. Paris, 1828. 1 br. in-8°. (8° XVI cart. D 1.)

Delalande. — Catalogue provisoire publié pour servir à la Flore de la Charente-Inférieure. La Rochelle, 1840. 1 vol. in-4°. (4° XVI-D 7.)

Delessert (Benj. de). — Eryngiorum nec non generis novi alepideæ. Paris, 1808. 1 vol. in-folio orné de pl. (f° XVI-D 1.)

— Icones selectæ plantarum. Paris 1820-46. 5 vol. in-folio ornés de nomb. pl. gravées. (f° XVI-D 2.)

Desfontaines (R.). — Catalogus plantarum horti regii parisiensis. Paris, 1829. 1 vol. in-8°. (8° XVI-D 13.)

Desvaux (M.-N.-A.). — Observations sur les plantes des environs d'Angers. Angers, 1818. 1 vol. in-8°. (8° XVI-D 10.)

— Des changements physiques et chimiques qu'éprouvent les terres dans l'opération de l'écobuage et des résultats que peut en tirer la pratique agricole. Angers, 1831. 1 vol. in-8° avec 6 pl. (8° XVI-D 7.)

— Programme d'un cours de botanique, suivi de la nomologie botanique ou lois d'organisation végétale. Angers, 1832. 1 vol. in-8° rel. (8° XVI-D 3.)

— Traité général de botanique. Paris, 1838. 2 vol. in-8° dont 1 rel. (8° XVI-D 4.)

— Catalogue de la bibliothèque et de l'herbier, riche de 40,000 plantes, de M. N.-A. Desvaux. Angers, 1857. 1 vol. in-8°. (8° XVI-D 12.)

Delarbre (A.). — Flore de la ci-devant Auvergne, ou recueil des plantes observées sur les montagnes du Puy-de-Dôme, du Mont-d'Or, du Cantal, etc. Riom et Clermont, 1800. 2 vol. in-8° rel. (8° XVI-D 2.)

Delastre (C.-J.-L.). — Flore analytique et descriptive du département de la Vienne. Paris, 1842. 1 vol. in-8° rel. (8° XVI-D 1.)

Dodoens (Rembert). — Histoire des plantes. Anvers, 1557. 1 vol. in-4° orné de nomb. fig. col. dans le texte. (4° XVI-D 1.)

Dubois. — Méthode éprouvée avec laquelle on parvient facilement et sans maître à connaître les plantes de l'intérieur de la France. Paris, 1825. 1 vol. in-8°. (8° XVI-D 8.)

— Méthode éprouvée avec laquelle on parvient facilement et sans maître à connaître les plantes de la France. Paris, 1840. 1 vol. in-8° avec 2 pl. (8° XVI-D 9.)

Duby (V.-D.-M.). — Botanicon gallicum seu synopsis plantarum in flora gallica descriptorum. Editio secunda. Paris. 1 vol. in-8° rel. (8° XVI-D 5)

Dufour (Ed.). — Notes mycologiques. Nantes, 1862. 1 br. in-8° avec 1 pl. (8° XVI cart. D 7.)

— Note sur l'empoisonnement des plantes d'herbier. Nantes, 1863. 1 br. in-8°. (8° XVI cart. D 2.)

— Premiers indices d'une flore fossile dans le calcaire grossier d'Arthon. 1877. 1 br. in-8°. (8° XVII cart. D 3.)

— Notes mycologiques. 1 br. in-8° avec 1 pl. (8° XVI cart. D 5.)

— Rapport sur une herborisation faite le 15 août 1861 par la Soc. Bot. de France à Couëron. 1 br. in-8°. (8° XVI cart. D 6.)

Dupuy (l'abbé). — Florule du département du Gers et des contrées voisines. Auch, 1847. 1 vol. petit in-8°. (8° XVI-D 6.)

Entraigues (d'). — Flore complète d'Indre-et-Loire publiée par la Société d'agriculture. Tours, 1833. 2 vol. in-8° rel. (8° XVI-E 1.)

Ecorchard (Dr J.-M.). — Culture et taille de la vigne. Nantes, 1849. 1 br. in-8° avec fig. (8° XVI cart. E 2.)

— Nouvelle théorie élémentaire de la botanique. Paris, 1877. 1 vol. in-8° avec nomb. fig. dans le texte. (8° XVI-E 2.)

— Spécimen d'une Flore, projet d'embellissement du Jardin des Plantes de Nantes. Nantes. 1 br. in-8°. (8° XVI cart. E 1.)

Feuilleaubois. — Les Champignons de la France, par M. le capitaine Lucand. (Analyse du 14e fascicule). Toulouse, 1892. 1 br. in-8°. (8° XVI cart. F 1.)

Fries (Elias). — Icones selectæ Hymenomycetum nondum delineatorum. Holmiæ, 1867. 2 vol. in-folio ornés de 200 pl. col. (f° XVI-F 2.)

Gœrtner (Josephus). — Fructibus et seminibus plantarum. 1788. 3 vol. in-4° avec 225 pl. rel. (4° XVI-G 1.)

Garganus (F.-R.). — Fungorum agri ariminensis historia. 1759. 1 vol. in-4° orné de 40 pl. (4° XVI-G 2.)

Garidel. — Histoire des plantes qui naissent aux environs d'Aix et dans plusieurs autres endroits de la Provence. Aix, 1715. 1 vol. in-folio avec 100 fig. dans le texte. (f° XVI-G 1.)

Gaudichaud (Charles). — Recherches générales sur l'organographie, la physiologie et l'organogénie des végétaux. Paris, 1841. 1 vol. in-4° avec 18 pl. col., cart. (4° XVI-G 1.)

Gaudin (J.). — Agrostologia helvetica. Paris, 1811. 2 vol. in-8°. (8° XVI-G 10.)

Gay (J.). — Eryngiorum novorum vel minus cognitorum. Paris, 1848. 1 br. in-8o. (8o XVI cart. G 1.)

Genevier (Gaston). — Essai sur quelques espèces du genre *Rubus* de Maine-et-Loire et de la Vendée. Angers, 1860. 1 br. in-8o. (8o XVI cart. G 4.)

— Essai sur quelques espèces du genre *Rubus* de Maine-et-Loire et de la Vendée. Angers, 1861. 1 br. in-8o. (8o XVI cart. G 5.)

— Observations sur la collection de *Rubus* de l'herbier T. Bastard. Angers, 1863. 1 br. in-8o. (8o XVI cart. G 3.)

— Extrait de la Florule des environs de Mortagne-sur-Sèvre (Vendée). Angers, 1866. 1 br. in-8o. (8o XVI cart. G 6.)

— Essai monographique sur les *Rubus* du bassin de la Loire. Angers, 1869. 1 vol in-8o. (8o XVI-G 12.)

— Premier supplément à l'essai monographique sur les *Rubus* du bassin de la Loire. Paris, 1872. 1 vol. in-8o. (8o XVI-G 11.)

— Monographie des *Rubus* du bassin de la Loire. Paris, 1880. 1 vol. in-8o. (8o XVI-G 13.)

Gérardin (Sébastien). — Dictionnaire raisonné de botanique. Paris, 1822. 1 vol. in-8o rel. (8o XVI-G 5.)

Germain de Saint-Pierre (E.). — Guide du botaniste ou conseils pratiques sur l'étude de la botanique. Paris, 1852. 2 vol. in-8o rel. (8o XVI-G 8.)

Gillet (C.-C.) — Les Hymenomycètes ou description de tous les Champignons (Fungi) qui croissent en France. Alençon, 1874. 1 vol. in-8o avec 125 pl. rel. (8o XVI-G 9.)

Gottsche (C.-M.) — Synopsis Hepaticarum. Hambourg, 1844. 1 vol. in-8o rel. (8o XVI-G 7.)

Gouan. — Démonstrations élémentaires de botanique. Lyon, 1796. 4 vol. in-8o. (8o XVI-G 4.)

Grenier et **Godron.** — Flore de France. Paris (1848-55). 3 vol. in-8o rel. (8o XVI-G 1.)

Guépin (J.-P.) — Flore de Maine-et-Loire, 2e édition. Angers, 1838. 1 vol. in-8o rel. (8o XVI-G 2.)

— Flore de Maine-et-Loire, 3e édition. Angers, 1845. 1 vol. in-8o rel. (8o XVI-G 6.)

Guillemeau. (J.-L.-M.) — Calendrier de Flore des environs de Niort. Niort, 1801. 1 vol. petit in-8o rel. (8o XVI-G 3.)

Hardouin (L.) et **Renou (F.)** — Catalogue des plantes vasculaires qui croissent spontanément dans le département du Calvados. Caen, 1849. 1 vol. petit in-8°. (8° XVI-H 4.)

Harvey (Wil.-Henry.) — Phycologia britannica, or a history of british sea Weeds. London (1846-51). 4 vol. in-4° ornés de 213 pl. col., rel. (4° XVI-H 1.)

Hassall (Arthur-Hill.) — History of the British freshwater Algæ. London, 1845. 2 vol. in-8° avec 103 pl. noires et col., rel. (8° XVI-H 1).

Herpin (J.-Ch.) — Sur la cuscute, plante parasite qui attaque le lin, le trèfle et la luzerne. 1 br. in-8°. (8° XVI cart. H 1.)

Hooker (K.-H.) — Species Filicum. London (1846-64). 5 vol. in-8° ornés de nomb. fig. dans le texte, rel. (8° XVI-H 3.)

— Synopsis Filicum or, a synopsis of all known ferns. London, 1868. 1 vol. in-8° rel. (8° XVI-H 2.)

Houtte (Van). — Flore des serres et des jardins de l'Europe. 1re série, 1845 à 1855. — 2e série, 1856 à 1868. Gand. 17 vol. in-4° ornés de nomb. pl. col., rel. (4° XVI-H 2.)

Jacques et **Herincq.** — Manuel général des plantes, arbres et arbustes. Paris, 1857. 4 vol. in-8° rel. (8° XVI-J 2.)

J.-D.-D. — Double Flore parisienne ou description de toutes les plantes qui croissent naturellement aux environs de Paris. Paris, 1805. 1 vol. petit in-8° rel. (8° XVI-J 1.)

Jolis (Auguste Le). — Examen des espèces confondues sous le nom de *Laminaria digitata* etc. Cherbourg, 1855. 1 br. in-8°. (8° XVI cart. J 8.)

— Mousses des environs de Cherbourg. Paris, 1868. 1 br. in-8° (8° XVI cart. J 9.)

— Plantes vasculaires des environs de Cherbourg. Paris, 1860. 1 vol. in-8°. (8° XVI-J 4.)

— De l'influence chimique des terrains sur la dispersion des plantes. Cherbourg, 1 br. in 8°. (8° XVI cart. J 10.)

— Quelques remarques sur la nomenclature générique des Algues. 1 br. in-8°. (8° XVI cart. J 11.)

Jonston (Joann.) — Historiæ naturalis de arboribus et plantis. 1768-69. 2 vol. in-folio avec nomb. fig. dans le texte. (f° XVI-J 2.)

Jordan (Alexis). — Observations sur plusieurs plantes nouvelles, rares ou critiques de la France. 1846, 2 br. 2 pl., 1 br. 5 pl. — 1847, 1 br. 2 pl., 1 br. 5 pl. — 1849, 1 br. — Paris, in-8° (8° XVI cart. J 1 à J 6.)

Jordan (Alexis). — Observations sur plusieurs plantes nouvelles, rares ou critiques de la France. Paris, 1846. 3 br. 7 pl. ; 1847, 2 br. 7 pl.; 1849, 1 br. (8° XVI cart. J 1 à J 6.)

— Observations sur plusieurs plantes nouvelles, rares ou critiques de la France. Paris, 1846. 1 vol. in-8° avec 12 pl. (8° XVI-J 3)

— Mémoire sur l'*Ægilops triticoides* et sur les questions d'hybridité, de variabilité spécifique. Paris, 1856. 1 br. in-8° (8° XVI cart. J 7.)

— Remarques sur le fait de l'existence en société, à l'état sauvage des espèces végétales affines. Lyon, 1 br. in-8°. (8° XVI cart. J 12.)

Jordan (Alexis) et **Fourreau (Julio).** — Icones ad Floram Europæ, novo fundamento instaurandam spectantes. Paris (1866-68). 1 vol. in-folio, t. I, orné de nomb. pl. col., rel. (f° XVI-J 1.)

Kunth (C.-S.) — Enumeratio plantarum. Stutgardiæ 1833-43. 5 vol. in-8° rel. (8° XVI-K 1.)

Kunze (Gustave). — Analecta pteridographica seu descriptio et illustratio Filicum. Lipsiæ, 1837. 1 vol. in-folio avec 30 pl. (f° XVI-K 1.)

Kützing (F.) Species Algarum. Lipsiæ, 1849. 1 vol. in-8°. (8° XVI-K 2.)

Lamarck. — Flore française ou description succincte de toutes les plantes qui croissent naturellement en France. Paris, an III. 3 vol. in-8° rel. (8° XVI-L 17.)

Lamarck (De) et **Candolle (De).** — Flore française ou description succincte de toutes les plantes qui croissent naturellement en France. Paris, 1815. 5 vol. in-8° rel. (8° XVI-L 1.)

Laterrade (J.-F.) — Flore bordelaise et essai de la Flore de la Gironde. Bordeaux, 1821. 1 vol. in-8°. (8° XVI-L 18.)

Le Clerc (Frédéric). — Recherches physiologiques et anatomiques sur les mouvements des végétaux. Tours, 1859. 1 br. in-8°. (8° XVI cart. L 4.)

Lecoq (H.) — Précis élémentaire de botanique. Paris, 1831. 1 vol. in-8°. (8° XVI-L 8.)

— Traité des plantes fourragères ou Flore des prairies naturelles et artificielles de la France. Paris, 1844. 1 vol. in-8°. (8° XVI-L 9.)

Leers (Joannis-Danielis). — Flora herbornensis exhibens plantas. Berolini, 1789. 1 vol. in-8°. (8° XVI-L 7.)

Lemaître (Philippe). — Lettres à Julie sur la botanique et la physiologie végétale. Rouen, 1839. 1 br. in-8°. (8° XVI cart. L 1.)

Lesson (R.-P.) — Flore rochefortine ou description des plantes qui croissent spontanément ou qui sont naturalisées aux environs de la ville de Rochefort. Rochefort, 1835. 1 vol. in-8° rel. (8° XVI-L 4.)

Lindley (John). — Théorie de l'horticulture ou essais descriptifs selon les principes de la physiologie. Paris, 1841. 1 vol. in-8o rel. (8o XVI-L 6.)

Linné (C.) — Species plantarum. Vindobonæ, 1744. 2 vol. in-8o rel. (8o XVI-L 16.)

— Systema naturæ in quo proponuntur naturæ regna tria secundum classes, ordines, genera et species. Paris, 1744. 1 vol. in-8o rel. (8o XVI-L 14.)

— Philosophia botanica in qua explicantur fundamenta botanica. Berolini, 1780 1 vol. in-8o rel. (8o XVI-L 15.)

— Genera plantarum eorumque characteres naturales secundum numerum, figuram, situm et proportionem omnium fructificationes partium (edit. octava). Viennæ, 1767. 1 vol. in-8o rel. (8o XVI-L 13.)

— Genera plantarum, etc. (editio octava). Vindobonæ, 1791. 1 vol. in-8o rel. (8o XVI-L 11.)

— Systema vegetabilium secundum classes, ordines, genera, species, cum characteribus et differentiis. Gottingæ, 1784. 1 vol. in-8o rel. (8o XVI-L 12.)

— Systema vegetabilium, etc. (editio decima quinta). Gottingæ, 1797. 1 vol. in-8o rel. (8o XVI-L 10.)

Liron d'Airoles (De). — Projet d'établissement de la colonie horticole de l'Ouest. Nantes, 1848. 1 br. in-8o. (8o XVI cart. L 5.)

— Les poiriers les plus précieux parmi ceux qui peuvent être cultivés Paris, 1862. 1 br. in-8o. (8o XVI cart. L 6.)

Lloyd (James). — Flore de la Loire-Inférieure. Nantes, 1844. 1 vol. petit in-8o rel. (8o XVI-L 5.)

— Flore de l'Ouest de la France. Nantes, 1854. 1 vol. petit in-8o rel. (8o XVI-L 2.)

— Flore de l'Ouest de la France (2e édition). Nantes, 1868. 1 vol. petit in-8o. (8o XVI-L 3.)

— Algues de l'Ouest de la France. Exsiccata, fascicules I à XXI (fo XVI-L 3.)

Lobel (Mathias de). — Plantarum seu stirpium historia. Antuerpiæ, 1576. 1 vol. in-folio avec nomb. fig. dans le texte, rel. (fo XVI-L 2.)

Lory (Charles). — Observations sur la respiration et la structure des Orobanches. Paris, 1847. 1 br. in-8o. (8o XVI cart. L 3.)

Lucand. — Figures peintes des Champignons de la France (suite à l'iconographie de Bulliard, 10 fascicules avec abonnement). Autun, 1881. In-4o (4o XVI-L 1.)

Malbranche (A.) — Lichens de la Normandie préparés et classés d'après la méthode du Dr Nylander. Rouen 1863-76. 8 cartons in-8°. (8° XVI-M 9.)

Maout (Le) et Decaisne (Jh). — Traité général de botanique descriptive et analytique. Paris, 1868. 2 vol. in-4° contenant ensemble 5,500 fig. dans le texte, rel. (4° XVI-M 2.)

Marchand (L.). — Monstruosités du *Linaria elatine*. Paris, 1879. 1 br. in-8° avec 1 pl. (8° XVI cart. M 6.)

Mariani. — La Coca et ses applications thérapeutiques. Paris, 1888. 1 br. in-8° avec fig. (8° XVI cart. M 1.)

Mathiolus (P.-A.). — Commentarium in sex libros Pedacii Dioscoridis Anazarbei de Medica materia. Venetiis, 1564. 1 vol. in-folio orné de nomb. fig. (f° XVIII-M 1.)

— Les commentaires de Mathiolus, médecin sénois, sur les six livres de Pedacius Dioscoride Anazarbeen de la matière médicinale. Lyon, 1605. 1 vol. in-4° orné de nomb. fig. (4° XVI-M 1.)

Ménier (Ch.). — Note sur deux nouvelles Lépiotes. Paris 1890. 1 br. in-8° avec 2 pl. (8° XVI cart. M 2.)

Meissas (M.-N.). — Résumés d'histoire naturelle (botanique). Paris, 1839. 1 vol. in-8° avec 7 pl. (8° XVI-M 7.)

Mérat (V.). — Nouvelle Flore des environs de Paris suivant la méthode naturelle. Paris, 1836. 2 vol. petit in-8°. (8° XVI-M 1.)

Moisan (Ch.-Aug.). — Flore nantaise. Nantes, 1839. 1 vol. in-8°. (8° XVI-M 3.)

Moquin-Tandon (A.). — Chenopodearum monographica enumeratio. Paris, 1840. 1 br. in-8°. (8° XVI cart. M 3.)

Moulins (Charles des). — Etat de la végétation sur le Pic du midi de Bigorre, au 17 oct. 1840. Bordeaux, 1844. 1 vol. in-8° avec 1 pl., rel. (8° XVI-M 2.)

— Documents relatifs à la faculté germinative conservée par quelques graines. 1846. 1 br. in-8°. (8° XVI cart. M 4.)

— Documents relatifs à la naturalisation en France du *Panicum digitaria* (Laterr.). Bordeaux, 1848. 1 br. in-8°. (8° XVI cart. M 5.)

Mouton-Fontenille (C.). — Tableau des systèmes de botanique, généraux et particuliers. Lyon, 1798. 1 vol. in-8°. (8° XVI-M 6.)

Mouton-Fontenille (J.-P.). — Système des plantes. Lyon, 1805. 5 vol. in-8°. (8° XVI-M 4.)

Müller (Dr C.). — Synopsis muscorum frondosorum omnium hucusque cognitorum. Berolini, 1849. 2 vol. in-8°. (8° XVI-M 5.)

Mutel (A.). — Flore française destinée aux herborisations. Paris, 1834. 2 vol. in-8° avec 1 atlas de 46 pl. (8° XVI-M 8.)

Naudin (Ch.). — Les espèces affines et la théorie de l'évolution. Paris, 1875. 1 br. in-8°. (8° XVI cart. N 1.)

Nyman (C.-F.). — Conspectus floræ europeæ seu enumeratio methodica, plantarum phanerogarum Europæ indigenarum. *Orebro* 1878-82. 1 vol. in-8° rel. (8° XVI-N 1.)

Orbigny (Charles Dessaline d'). — Notice sur un chêne gigantesque observé en 1832 à Montravail, près Saintes. La Rochelle. 1 br. in-8°. (8° XVI cart. O 1.)

Palisot de Beauvois (J.). — Essai d'une nouvelle agrostographie, ou nouveaux genres de graminées. Paris, 1812. 1 vol. in-8° et 1 atlas in-4°. (8° XVI-P 3 et 4° XVI-P 9.)

Payer (J.). — Histoire des Familles naturelles des plantes inférieures. (Botanique cryptogamique). Paris, 1850. 1 vol. in-4° orné de 1,105 gr., rel. (8° XVI-P 1.)

Persoon (Ch.-H.). — Synopsis plantarum seu enchiridium botanicum. Paris, 1805. 1 vol. petit in-8° rel. (8° XVI-P 7.)

Pesneau (J.-B.). — Catalogue des plantes recueillies dans la Loire-Inférieure. Nantes, 1837. 1 vol. in-8°. (8° XVI-P 4.)

Picot de Lapeyrouse. — Histoire abrégée des plantes des Pyrénées et itinéraire des botanistes dans ces montagnes. Toulouse, 1813. 1 vol. in-8° rel. (8° XVI-P 1.)

Planchon (Gustave). — Des modifications de la Flore de Montpellier depuis le XVIe siècle jusqu'à nos jours. Paris, 1864. 1 br. in-4°. (4° XVI cart. P 1.)

— Des Quinquinas. Paris, 1864. 1 br. in-8°. (8° XVI cart. P 1.)

— Matériaux pour la Flore médicale de Montpellier et des Cévennes, d'après Lobel. Montpellier, 1868. 1 br. in-8°. (8° XVI cart. P 3.)

— Sur les caractères et l'origine botanique du Jaborandi. 1 br. in-8°. (8° XVI cart. P 2.)

Plumier (Charles). — Description des plantes de l'Amérique avec leurs figures. Paris, 1693. 1 vol. in-folio avec 108 pl. (f° XVI-P 1.)

Plumier (Carolus). — Nova plantarum americanarum genera. Paris, 1703. 1 vol. in-4° avec nomb. pl. (4° XVI-P 2.)

Poiteau (A.) et **Vilmorin.** — Le bon jardinier, almanach pour l'année 1841. Paris, 1841. 1 vol. in-8° cart. (8° XVI-P 2.)

Pradal (E.). — Catalogue des plantes cryptogames recueillies dans le départ. de la Loire-Inférieure. Nantes, 1856. 1 vol. petit in-8°. (8° XVI P 8.)

Pradal (E.). — Classification des plantes phanérogames d'après la méthode naturelle de Jussieu. Nantes. 1 tableau petit in-8° cart. (8° XVI-P 6.)

— La botanique rendue facile et mise à la portée des jeunes gens, ou système sexuel des plantes. Nantes. 1 tableau petit in-8° cart. (8° XVI-P 5.)

Pritchard (Andrew). — A. history of Infusoria including the *Desmidiaceæ* and *Diatomaceæ*. London, 1861. 1 vol. in-8° orné de 40 pl. (8° XVI-P 9.)

Puel (T.). — Catalogue des plantes qui croissent dans le départ. du Lot. 1 br. in-8°. (8° XVI cart. P 4.)

Rabenhorst (Ludovicus). — Flora europæa Algarum aquæ dulcis et submarinæ. Lipsiæ, 1868. 1 vol. in-8° rel. (8° XVI-R 4.)

Raspail (F.-V.). — Nouveau système de physiologie végétale et de botanique. Paris, 1837. 2 vol. in-8° texte et 1 atlas in-4° de 60 pl. (8° XVI-R 1 et 4° XVI-R 2.)

Reingeard (L.). — Recherches algologiques, matériaux pour la morphologie et la classification des Algues de la Mer Noire. Odessa, 1885. Atlas in-8° de 11 pl. (8° XVI cart. R 2.)

Revel (l'abbé Joseph). — Essai de la Flore Sud-Ouest de la France. 1re partie 1885, 2e partie 1889. Villefranche. 2 vol. in-8°. (8° XVI-R 6.)

— Note sur le *Fumaria muralis,* Sond. 1 br. in-8°. (8° XVI cart. R 1.)

Rheede et Draakenstein. — Hortus indicus Malabaricus continens regni Malabarici apud Indos celeberrimi omnis generis Plantas rariores. Amstelodami. 9 vol. in-folio avec nomb. fig. dans le texte. (f° XVI-R 1.)

Richter (Dr K.). — Plantæ europæ. Leipzig, 1890. 1 vol. in-8°, t. I. (8° XVI-R 7.)

Roques (Joseph). — Phytographie médicale, ornée de figures coloriées de grandeur naturelle où l'on expose l'histoire des poisons tirés du règne végétal. Paris, 1821. 2 vol. in-4° rel. (4° XVI-R 6.)

— Histoire des Champignons comestibles et vénéneux. Paris, 1832. 1 vol. in-4° orné de fig. col., rel. (4° XVI-R 3.)

— Phytographie médicale, histoire des substances héroïques et des poisons tirés du règne végétal. Paris, 1835. 1 atlas in-4° de 150 pl. col. (4° XVI-R 4.)

Roumeguère (Casimir). — Cryptogamie illustrée ou histoire des familles naturelles des plantes acotylédones d'Europe. Paris, 1868. 1 vol. in-4° avec 21 pl. noires et col. (4° XVI-R 1.)

Roumeguère (Casimir). — Bryologie du département de l'Aude. Carcassonne, 1870. 1 br. in-8°. (8° XVI-R 2.)

— Flore mycologique du département de Tarn-et-Garonne (Agaricinées). Montauban, 1880. 1 vol. in-8° avec 8 pl. (8° XVI-R 5.)

Sachs (J.) — Traité de botanique conforme à l'état présent de la science. Paris, 1874. 1 vol. in-8° avec nomb. fig. dans le texte. (8° XVI-S 4.)

Sagot (Dr). — De la patate, *Convolvulus Batatas*. 1 br. in-8° (8° XVI cart. S 1.)

— Des végétaux fruitiers cultivés à la Guyane. 1 br. in-8°. (8° XVI cart. S 2.)

— De quelques opérations générales de culture à la Guyane. Paris, 1870. 1 br. in-8°. (8° XVI cart. S 3.)

— Culture des céréales à la Guyane française. 1 br. in-8°. (8° XVI cart. S 4.)

— Etudes sur la végétation des plantes potagères d'Europe à la Guyane française. 1 br. in-8°. (8° XVI cart. S 5.)

— Légumes et cultures potagères de la Guyane française. 1 br. in-8°. (8° XVI cart. S 6.)

— Des Tayes ou Tayoves, Choux-Caraïbes. 1 br. in-8°. (8° XVI cart. S 7.)

— Le Bananier. 1 br. in-8°. (8° XVI cart. S 8.)

— Du Manioc. 1 br. in-8°. (8° XVI cart. S 9.)

— Principes généraux de géographie agricole. Paris, 1862. 1 br. in-8°. (8° XVI cart. S 10.)

— Exploitation des forêts de la Guyane française. Paris, 1869. 1 br. in 8°. (8° XVI cart. S 11.)

— Explication physiologique de la mauvaise végétation des légumes des pays tempérés sous l'équateur. 1 br. in-8°. (8° XVI cart. S 12.)

— Quelques souvenirs d'herborisation à propos de la relation qui lie la végétation à la nature du sol. 1 br. in-8°. (8° XVI cart. S 13.)

— De l'arbre à pain. 1 br. in-8°. (8° XVI cart. S 15.)

Saint-Gal (M.-J.) — Flore des environs de Grand-Jouan. Nantes, 1874. 1 vol. petit in-8°. (8° XVI-S 7.)

— Le bouturage du pommier. Châteaubriant, 1888. 1 br. in-8°. (8° XVI cart. S 14.)

Saporta (G. de) et **Marion (A.-J.)** — L'évolution du règne végétal (les Cryptogames). Paris, 1881. 1 vol. in-8° rel. (8° XVI-S 5.)

Sauvages (De). — Methodus foliorum seu plantæ Floræ Monspeliensis. La Haye, 1751. 1 vol. in-8° rel. (8° XVI S 1.)

Schimper (W.-Ph.) — Synopsis Muscorum Europæorum. Stuttgartiæ, 1860. 1 vol in-8° orné d'une carte géographique. (8° XVI-S 3.)

Sprengel. — Philosophia botanica in qua explicantur botanices fundamenta. 1824. 1 vol. in-8° (8° XVI-S 6.)

Steudel (E.). — Nomenclator botanicus. 1824. 1 vol. in-8° rel. (8° XVI-S 2.)

— Nomenclator botannicus seu synonymia plantarum universalis. Stuttgartiæ, 1840. 1 vol. in-4°. (4° XVI-S 2.)

Streinz (Wenc.-Mat.) — Nomenclator fungorum exhibens ordine alphabetico nomina. Vindobonæ, 1862. 1 vol. in-4°. (4° XVI-S 1.)

Theis (Alexandre). — Glossaire de botanique. Paris, 1810. 1 vol. in-8° rel. (8° XVI-T 3.)

Thiébault de Berneaud. — Eloges de Broussonnet premier fondateur de la Société linnéenne de Paris. Paris, 1824. 1 vol. in-8° rel. (8° XVI-T 4)

Thuillier (J.-L.) — Flore des environs de Paris ou distribution méthodique des plantes qui y croissent naturellement. Paris, 1824. 1 vol. in-8° rel. (8° XVI-T 1.)

— Flore des environs de Paris ou distribution méthodique des plantes. Paris, 1790. 1 vol. in-8°. (8° XVI-T 2.)

Todaro (A.). — *Fourcroya elegans* (Tod.) Palermo, 1876. 1 br. in-8°. (8° XVI cart. T 1.)

Tulasne (L.-R.) et **Tulasne (C.-H.).** — Histoire et monographie des Champignons hypogés. 1862. 1 vol. in-folio avec 21 pl. col. (f° XVI-T 1.)

Tussac (F.-R. de) — Flore des Antilles ou histoire générale botanique, rurale et économique des végétaux indigènes. Paris 1808-27. 4 vol. in-folio ornés de 139 pl. col. (f° XVI-T 1.)

Vellozo de Miranda (J.) — Floræ fluminensis (Brasiliensis). Icones. Manque le volume de texte. Paris, 1827. 6 vol. grand in-folio de 1640 pl. (f° XVI-V 1.)

Viaud-Grand-Marais (D^{r}). — Rapport sur une excursion faite en août 1861, par la Société botanique de France, dans l'île de Noirmoutier. 1 br. in-8°. (8° XVI cart. V 1.)

— Quelques plantes américaines employées contre les morsures des serpents venimeux. Nantes, 1873. 1 br. in-8°. (8° XVI cart. V 3.)

Viaud-Grand-Marais (Dr). — Catalogue des plantes vasculaires de l'île de Groix. Paris, 1883. 1 br. in-8°. (8° XVI cart. V 2.)

Vigneux (A.) — Flore pittoresque des environs de Paris. Paris, 1812. 1 vol. in-4° avec nomb. pl. col., cart. (4° XVI-V 2.)

Villars. — Histoire des plantes du Dauphiné. Grenoble 1785-89. 2 vol. in-8° et un atlas de 55 pl., rel. (8° XVI-V 2.)

Ville (Jean-Bart de). — Histoire des plantes de l'Europe et des plus usitées qui viennent d'Asie, d'Afrique et d'Amérique. Lyon, 1689. 2 vol. in-8° rel. (8° XVI-V 1.)

Walpers (G.-G.). — Annales botanices systematicæ. Lipsiæ 1848-68. 7 vol. in-8° cart. (8° XVI-W 1.)

Willkomm (M.) et **Lange (J.)** — Prodromus floræ hispanicæ. Stuttgartiæ 1870-80. 1 vol. in-8°. (8° XVI-W 2.)

XVII. — BOTANIQUE FOSSILE.

Bureau (Ed.) — Sur la présence du genre *Equisetum* dans l'étage houiller inférieur. Paris, 1885. 1 br. in-4° de 2 p. (4° XVII cart. B 1.)

— Note sur les plantes fossiles du dépôt houiller de la Rhune (Basses-Pyrénées). Paris, 1886. 1 br. in-8° avec 1 pl. (8° XVII cart. B 1.)

XVIII. — MÉLANGES D'HISTOIRE NATURELLE.

Agassiz (L.) — De l'espèce et de la classification en zoologie. Paris, 1869. 1 vol. in-8°. (8° XVIII-A 2.)

Azara (Don Félix de). — Voyages dans l'Amérique méridionale. Paris, 1809. 4 vol. in-8°. (8° XVIII-A 1.)

Baillon (H.) — Programme du cours d'histoire naturelle médicale. Paris, 1868-70. 3 br. petit in-8°. (8° XVIII cart. B 5.)

Beraud. — Cabinet d'histoire naturelle d'Angers ; son origine et ses progrès. Angers, 1850. 1 br. in-8°. (8° XVIII cart. B 1.)

Bouchardat (A.) — Cours de sciences physiques à l'usage des séminaires (histoire naturelle). Paris, 1844. 1 vol. in-8° avec nomb. fig. dans le texte, rel. (8° XVIII-B 2.)

Boucheron (François). — Le monde des côtes de Noirmoutier, catalogue d'histoire naturelle. Nantes, 1886. 1 br. in-8°. (8° XVIII cart. B 2.)

Broc (P.-P.) — Essai sur les races humaines. Paris, 1836. 1 vol. in-8°. (8° XVIII-B 4.)

Bruce (James). — Cartes et figures du voyages en Nubie et en Abyssinie. Paris, 1792. (1 vol. in-4°, orné de pl. (4° XVIII-B 1.)

Buffon (Leclerc de). — Histoire naturelle, générale et particulière. Théorie de la terre, 4 vol. — Minéraux, 12 vol. — Animaux, 1 vol. — L'homme, 4 vol. — Quadrupèdes, 13 vol. — Singes, 2 vol. — Oiseaux, 28 vol. — Poissons, 13 vol. — Cétacés, 1 vol. — Mollusques, 6 vol. — Insectes, 14 vol. — Reptiles, 8 vol. — Plantes, 18 vol. — Table des matières, 3 vol. Paris, an VIII à 1808. 127 vol. in-8°, rel. (8° XVIII-B 1.)

Bureau (Ed.) — Les sciences naturelles à Nantes. Paris, 1875. 1 br. in-8°. (8° XVIII cart. B 3.)

Bureau (Dr Louis). — Rapport sur les travaux de la section d'histoire naturelle de la Société Académique de la Loire-Inférieure. Nantes, 1890. 1 br. in-8°. (8° XVIII cart. B 4.)

Cailliaud (Frédéric). — Voyages à l'oasis de Thèbes et dans les déserts situés à l'Orient et à l'Occident de la Thébaïde. Paris, 1815-18. 3 vol. in-folio contenant ensemble 45 pl. noires et col. (f° XVIII-C 2.)

— Voyage à Méroé et au fleuve blanc au delà de Fazoql. Paris, (1823-27). 1 vol. in-folio de 75 pl. et 1 atlas de 11 cartes. (f° XVIII-C 1.)

Carlet (G.) — Tableau synoptique du règne animal. Paris, 1876 1 carton in-8°. (8° XVIII cart. C 2.)

Chansarel (Paul). — Note sur l'ostréiculture et la pisciculture. Paris, 1889. 1 br. in-8°. (8° XVIII cart. C 1.)

Chevallier (A.) — Dictionnaire des altérations et falsifications des substances alimentaires. Paris, 1854. 2 vol. in-8°. (8° XVIII-C 5.)

Chevreux (Ed.) — Voyage de la goëlette Melita aux Canaries et au Sénégal 1889-90. Paris, 1891. 1 br. in-8° avec 3 pl. (8° XVIII cart. C 3.)

Comte (Achille). — Traité complet d'histoire naturelle. Paris, 1848 3 vol. in-8°. (8° XVIII-C 6.)

Cotte (P. Le). — Manuel d'histoire naturelle. Paris, 1787. 1 br. in-8°. (8° XVIII-C 1.)

Cuvier (Georges). — Rapport historique sur les progrès des sciences naturelles depuis 1789. Paris, 1810. 1 vol. in-4°. (4° XVIII-C 2.)

Cuvier (Georges). — Recueil des éloges historiques lus dans les séances publiques de l'Institut. Paris, (1819-27). 3 vol. in-8o. (8o XVIII-C 4.)

— Le règne animal distribué d'après son organisation. Paris, 1829. 5 vol. in-8o. rel. (8o XVIII-C 2.)

— Le règne animal distribué d'après son organisation. Paris, 24 vol. in-4o. (4o XVIII-C 1.)

— Histoire des sciences naturelles depuis leur origine jusqu'à nos jours, chez tous les peuples connus. Paris 1841-43. 4 vol. in-8o. (8o XVIII-C 3.)

Dalain. — Eléments de botanique à l'usage du petit séminaire des Sables-d'Olonne. Nantes, 1839. 1 br. in-8o. (8o XVIII cart. D 4.)

Darwin (Ch.). — De la variation des animaux et des plantes sous l'action de la domestication. Paris, 1868. 2 vol. in-8o rel. (8o XVIII-D 1.)

Derostaing Derivas (Dr). — Notice sur le Musée d'histoire naturelle de la ville de Nantes. Nantes, 1847. 1 br. in-8o. (8o XVIII cart. D 1.)

Descourtilz (E.). — Voyages d'un naturaliste. Paris, 1809. 3 vol. in-8o rel. (8o XVIII-D 4.)

Desvaux (A.-N.). — Opuscules sur les sciences physiques et naturelles. Angers, 1831. 1 br. in-8o avec fig. (8o XVIII cart. D 4.)

— Statistique de Maine-et-Loire. Angers, 1834. 1 vol. in-8o. (8o XVIII-D 2.)

Dufour (Edouard). — Etude sur la réorganisation du Muséum d'histoire naturelle de Nantes. Nantes, 1874. 1 br. in-8o. (8o XVIII cart. D 3.)

Duméril (Aug.). — Des animaux utiles à l'homme. Cherbourg, 1865. 1 br. in-8o. (8o XVIII cart. D 5.)

Dutrochet (H.). — Anatomie et physiologie des végétaux et des animaux. Paris, 1837. 2 vol. in-8o et 1 atlas de 30 pl. (8o XVIII-D 3.)

Encyclopédie méthodique.

Botanique — Lamarck (De). 22 vol. texte 1783-1808.

Système anatomique. — Cloquet (Hipp.), Dictionnaire raisonné des termes d'anatomie et de physiologie. 6 vol. texte, t. I à IV 1823-1830.

Quadrupèdes et cétacés. — Daubenton. 1 vol. texte, 1782.

Oiseaux. — Mauduyt. 14 vol. texte, 1784.

Poissons. — 1 vol. texte, 1787.

Insectes. — Mauduyt. 14 vol. texte.

Vers. — Bruguière. 7 vol. texte. — Paris. In-4o. (4o XVIII-E 1.)

Encyclopédie. — Tableau encyclopédique des trois règnes de la nature.
Botanique. — Lamarck (De). 3 vol. texte et 4 vol. de 250 pl. chacun 1791-1823.
Système anatomique. — Recueil de 79 pl. 1 vol. 1825.
Mammalogie. — Desmarest (A.-G.). 1 vol. texte avec 126 pl. 1820.
Cétologie. — Bonnaterre (l'abbé). 1 vol. avec 12 pl., 1789.
Ornithologie. — Bonnaterre et Vieillot. 3 vol. texte avec 240 pl.
Reptiles et Batraciens. — Pl. 1 à 35.
Ichthyologie. — Bonnaterre. 1 vol. texte avec 102 pl., 1788.
Insectes. — Latreille. 1 vol. atlas de pl. 33 à 397, 1818.
Helminthologie. — Bruguière. Vers infusoires, vers intestinaux., vers mollusques et polypiers. 3 vol. avec 487 pl., 1827. — Paris. In-4° (4° XVIII-E 2.)

Faivre (Ernest). — La variabilité des espèces et ses limites. Paris, 1868. 1 vol. in-8°. (8° XVIII-F 1.)

Feuillé (Louis-R.-P.). — Journal des observations physiques, mathématiques et botaniques. Paris, 1714. 2 vol. in-4° carré avec fig. dans le texte. 4° XVIII-F 1.

Geoffroy Saint-Hilaire (J.). — Essais de zoologie générale ou mémoires et notices sur la zoologie générale, l'anthropologie et l'hist. de la science. Paris, 1841. 1 vol. in-8°. (8° XVIII-G 3.)

Gobineau (A. de). — Essai sur l'inégalité des races humaines. Paris (1853-55). 4 vol. in-8° (8° XVIII-G 1.)

Guibourt et **Planchon.** — Histoire naturelle des drogues simples. Paris, 1881. 4 vol. in-8° avec gravures. (8° XVIII-G 2.)

Jardin (E.). — Essai sur l'histoire naturelle de l'archipel des Marquises. Paris, 1862. 1 br. in-8°. (8° XVIII cart. J 1.)

Jomard. — Voyage à l'oasis de Syouah. Paris, 1823. 1 vol. in-folio avec 20 pl. (f° XVIII-J 1.)

Jouston (J.). — Theatrum universale omnium animalium. 1754-55. 6 vol. in-folio avec nomb. fig., cart. (f° XVIII-J 1.)

Latourette. — Voyage au Mont-Pilat. Avignon, 1770. 1 vol. in-8° rel. (8° XVIII-L 1.)

Latreille (P.-A.). — Genera crustaceorum et insectorum. Paris, 1806. 1 vol. in-8° rel. (8° XVIII-L 2.)

Le Beau. — Rapport sur les brochures reçues à la Société nantaise d'horticulture pendant le mois de septembre 1888. Nantes, 1888. 1 br. in-8°. (8° XVIII cart. L 2.)

Liais (Emmanuel). — Climats, géologie, faune et géographie botanique du Brésil. Paris, 1872. 1 vol. in-4o. (4o XII-L 1.)

Mandl (Dr L.). — Traité pratique du microscope et de son emploi dans l'étude des corps organisés. Paris, 1839. 1 vol. in-8o. (8o XVIII-M 3.)

Manesse (l'abbé). — Traité sur la manière d'empailler les animaux. Paris, 1787. 1 vol. in-8o. (8o XVIII-M 2.)

Meissas (M.-N.). — Résumés d'histoire naturelle. Zoologie. Paris, 1840. 1 vol. in-8o. (8o XVIII-M 1.)

Millet (P.-A.). — Faune de Maine-et-Loire. Paris, 1828. 1 vol. in-8o rel. (8o XVIII-M 5.)

— Projet de statistique ou observations pour servir aux recherches de la statistique générale du départ. de Maine-et-Loire. Angers, 1832. 1 br. in-8o. (8o XVIII cart. M 1.)

Milne-Edwards (A.). — Rapport sur les progrès récents des sciences zoologiques en France. Paris, 1867. 1 vol. in-4o. (4o XVIII-M 3.)

— Expéditions scientifiques du Travailleur et du Talisman, pendant les années 1880-1883. Paris, 1891. 1 vol. in-4o, avec 8 pl. (4o XVIII-M 2.)

Moquin-Tandon (A.). — Eléments de zoologie médicale. Paris, 1860. 1 vol. in-8o, avec 122 fig. dans le texte. (8o XVIII-M 4.)

Muséum. — Mémoires du Muséum d'histoire naturelle de Paris, par les professeurs du jardin du Roi. Tomes 8, 9, 11, 12, 13 et 14 1827-1828, avec pl., 6 vol. in-4o. (4o XVIII-M 1.)

Necker (De). — Physiologie des corps organisés. 1775. 1 vol. in-8o rel. (8o XVIII-N 1.)

Olphe-Gailliard (Léon). — Quelques remarques sur les règles de la nomenclature zoologique, appliquées à toutes les branches de l'histoire naturelle. 1872. 1 br. in-8o. (8o XVIII cart. O 1.)

Pline. — Histoire naturelle traduite en français. Paris, 1771. 11 vol. in-4o rel. (4o XVIII-P 1.)

Pourtalès (L.-E. de). — Contributions to the fauna of the Gulf stream at great depths. Cambridge, 1868. 1 br. in-8o. (8o XVIII cart. P 1.)

Power (Jeannette). — Observations et expériences physiques sur plusieurs animaux marins et terrestres. Paris, 1860. 1 br. in-8o. (8o XVIII cart. P 1.)

Pritchard (A.). — A history of *Infusoria* including the *Desmidiaceæ* and *Diatomaceæ*. London, 1861. 1 vol. in-8o rel. (8o XVIII-P 1.)

Quatrefages (A. de). — Rapport sur les progrès de l'anthropologie. Paris, 1867. 1 vol. in-4o rel. (4o XVIII-Q 1.)

Roques. — Discours prononcé à la distribution des prix du Lycée. Nantes, 1877. 1 br. petit in-8°. (8° XVIII cart. R 1.)

Saint-Romain (G.-B. de). — La science naturelle, dégagée des chicanes de l'école. Paris, 1574. 1 vol. in-8° rel. (8° XVIII-S 1.)

Salacroux. — Nouveaux éléments d'histoire naturelle. Paris, 1836. 1 vol. petit in-8°, avec 44 pl. gravées, rel. (8° XVIII-S 2.)

Sars (G.-O.). — Beretning om en i Sommeren, 1865, foretagen Zoologisk Reise ved Kysterne af Christianias og Christiansands Stifter. Christiania, 1866. 1 br. in-8°. (8° XVIII cart. S 2.)

— Bidrag til Kundskaben om Dyrelivet paa vore Havbanker. 1872. 1 br. in-8°. (8° XVIII cart. S 1.)

— On some remarkable forms of animallife from the great deeps off the norwegian coast. Christiania, 1872. 1 br. in-4°. (4° XVIII cart. S 1.)

Sexe (S.-A.). — Mœrker efter en üstid i omegnen of hardangerfjorden. Christiania, 1866. 1 br. in-8°. (8° XVIII cart. S 2.)

Spallanzani (L'abbé). — Opuscules de physique animale et végétale. Genève, 1777. 2 vol. in-8°. (8° XVIII-S 3.)

Sauvé (S.-C.-L.). — Aperçu des travaux de la Société des sciences naturelles de la Charente-Inférieure. La Rochelle, 1850. 1 br. in-8°. (8° XVIII cart. S 3.)

Taslé. — Catalogue des mammifères, des oiseaux et des reptiles observés dans le département du Morbihan. Vannes, 1869. 1 br. in-8°. (8° XVIII cart. T 1.)

Taule (F.) — Notions sur la nature et les propriétés de la matière organisée. Paris, 1866. 1 vol. in-8°. (8° XVIII-T 2.)

Tournefort (Pitton de). — Relation d'un voyage au Levant. Lyon, 1727. 3 vol. in-8° rel. (8° XVIII-T 1.)

Viaud-Grand-Marais (D^{r}). — Notice biographique sur quelques naturalistes de Noirmoutier. 1 br. in-8°. (8° XVIII cart. V 1.)

Vieillot, Desmarest, etc. — Faune française, ou histoire naturelle, générale et particulière des animaux. Livraisons in-8°, 13, 14, 18, 19, 20, 22, 25, 27, 29. Paris. (8° XVIII-V 1.)

XIX. — DICTIONNAIRES D'HISTOIRE NATURELLE.

Dictionnaire d'histoire naturelle, appliquée aux Arts. Paris, 1816-1819. 36 vol. in-8°, avec fig. dans le texte, rel. (8° XIX-D 2.)

Guérin (F.-E.). — Dictionnaire pittoresque d'histoire naturelle et des phénomènes de la nature. Paris, 1834. 9 vol. in-4°, texte et 2 vol. planches col. (4° XIX-G 1.)

Herbigny (Favart d'). — Dictionnaire d'histoire naturelle. Paris, 1775. 3 vol. petit in-8°. (8° XIX-H 1.)

Orbigny (Charles d'). — Dictionnaire universel d'histoire naturelle. Paris, 1841-1849. 13 vol. in-8°, texte et 3 vol. atlas. (8° XIX-O 1.)

Valmont-Bomare. — Dictionnaire raisonné universel d'histoire naturelle. Lyon, 1791. 8 vol. in-4°, carré, rel. (4° XIX-V 1.)

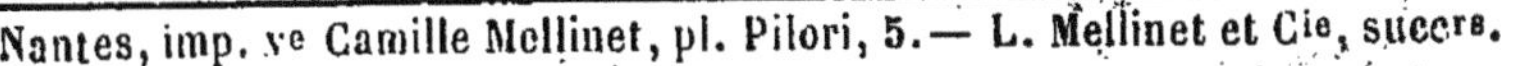

Nantes, imp. ve Camille Mellinet, pl. Pilori, 5. — L. Mellinet et Cie, succrs.

www.ingramcontent.com/pod-product-compliance
Ingram Content Group UK Ltd.
Pitfield, Milton Keynes, MK11 3LW, UK
UKHW012108240726
13965UKWH00004B/1639

9 782013 042949